TOM COELHO

SEIS MESES DE VIDA

O QUE VOCÊ FARIA SE TIVESSE APENAS SEIS MESES DE VIDA?

TOM COELHO

SEIS MESES DE VIDA

O QUE VOCÊ FARIA SE TIVESSE APENAS SEIS MESES DE VIDA?

www.dvseditora.com.br
São Paulo, 2019

SEIS MESES DE VIDA
O QUE VOCÊ FARIA SE TIVESSE APENAS **SEIS MESES** DE VIDA?

Copyright © DVS Editora 2019 - Todos os direitos reservados pela editora.

Nenhuma parte deste livro poderá ser reproduzida, armazenada em sistema de recuperação, ou transmitida por qualquer meio, seja na forma eletrônica, mecânica, fotocopiada, gravada ou qualquer outra, sem a autorização por escrito do autor.

Capa, projeto gráfico e diagramação: Desenho Editorial
Revisão: Alessandra Angelo

```
          Dados Internacionais de Catalogação na Publicação (CIP)
                 (Câmara Brasileira do Livro, SP, Brasil)

     Coelho, Tom
        Seis meses de vida : o que você faria se tivesse
     apenas seis meses de vida? / Tom Coelho. --
     São Paulo : DVS Editora, 2019.

        ISBN 978-85-8289-208-4

        1. Autoajuda 2. Doentes em fase terminal -
     Cuidados 3. Família - Aspectos psicológicos
     4. Reflexões 5. Valores I. Título.

     19-23487                                      CDD-158.12
                    Índices para catálogo sistemático:

            1. Autoajuda : Reflexões : Psicologia aplicada
                  158.12

        Maria Alice Ferreira - Bibliotecária - CRB-8/7964
```

Sumário

INTRODUÇÃO 09
1   A DESCOBERTA 11
2   A NEGAÇÃO 15
3   A DEPRESSÃO 19
4   O TRABALHO 23
5   A REVELAÇÃO 27
6   A FAMÍLIA 31
7   AS FINANÇAS DA FAMÍLIA 35
8   A AMIZADE 39
9   O LAZER E AS VIAGENS 45
10 OS VALORES 51
11 A SOLIDARIEDADE 57
12 A ESPIRITUALIDADE 63
13 O TEMPO 67
14 O LEGADO 79
15 O AMOR 83
16 A DESPEDIDA 85
17 AS REFLEXÕES QUE DEIXEI 89
18 COMO SURGIU ESTE LIVRO 93
19 AGRADECIMENTOS 97

Em direção às origens...

> "A CADA INSTANTE SE CRIAM NOVAS CATEGORIA DO ETERNO."
>
> *(Carlos Drummond de Andrade)*

No ano em que nasci, 1954, Drummond publicou o livro "Fazendeiro do Ar", e neste inseriu aquele que é, para mim, um dos poemas mais densos de sua lavra, cujo título repete de propósito o de um conto de Machado de Assis, chamado Eterno. Gosto demais dos dois versos iniciais: "E como ficou chato ser moderno. Agora serei eterno".

Agora serei eterno! Esse é mais do que um grito de angústia; é uma decisão persistente, uma convicção robusta, um desejo transformado em prática, que quer evitar que nossa vida, como a de qualquer pessoa, se rarefaça em tolas miudezas.

Como Drummond, Tom Coelho decidiu que na vida dele iria criar "novas categorias do eterno"; para isso, capturou a presença nele mesmo de uma agressiva ocorrência involuntária, e a transformou em sinal de alerta para nós, convocando nossa reflexão sobre atinos e desatinos que acatamos ou recusamos, e que temos de fazê-lo, para não apequenar a existência.

Tom Coelho não nos deixou tranquilos com seu relato romanceado e pleno de veracidades; não é uma fantasia que podemos afastar fechando os olhos ou simulando ser presença quimérica. Contudo, essa intranquilidade proposital permite que sejamos sacudidos em algumas distrações, ainda mais quando nem nos passa pela cabeça olharmos para dentro e perguntarmos vez ou outra "o que faria se descobrisse ter apenas seis meses de vida?".

Há gente que, quando atingida por uma turbulência vital, procura mergulhar na sua exclusiva e intransmissível dor, fazendo um movimento de colapso interno, assimilando de modo obsequioso o que pode ser entendido como fatalidade e fechando sua comunicação com o lado de fora de si mesma; há gente que, como Tom, sabe da gravidade da sua circunstância mas não faz dessa uma ponte para os territórios da lamentação e da comiseração.

Tom Coelho sabe que os que, como ele, tem afeto imenso pela Vida, fazem da despedida uma forma de proteção do legado, de partilha das lembranças e de comemoração das amorosidades.

Tom Coelho faz com que não nos esqueçamos do que escreveu o poeta Manoel de Barros no seu Aprendimentos: "Quem se aproxima das origens se renova"...

Mario Sergio Cortella

Introdução

Muito prazer! Meu nome é Lucca, tenho 47 anos, e neste exato momento estou hospitalizado em decorrência de uma doença terminal.

O diagnóstico ocorreu há mais de cinco meses, quando foi detectado câncer já em fase de metástase. Portanto, vamos deixar claro que não foi uma simples avaliação médica que poderia ser revertida.

Hoje tive que ser internado, pois estou literalmente na reta final. Mais adiante você saberá os detalhes do que aconteceu.

Porém, o que desejo compartilhar com você é o que vivenciei no decorrer deste período. E espero que você tenha a convicção de que esta não é uma mera história pessoal. Ela representa muito possivelmente a jornada da sua própria vida em virtude das opções e escolhas que tem feito – e isso não tem nada a ver com qualquer tipo de doença.

Eu era um executivo que atuava em uma grande empresa e evidente que não trabalhava apenas oito horas por dia. Na verdade, ninguém consegue fazer isso, pois atualmente é muito comum perder cerca de duas horas de deslocamento, ida e volta, entre a residência e o trabalho. Portanto, qualquer pessoa investe ao menos dez horas diárias no âmbito profissional. Todavia, devido ao meu cargo e responsabilidades, tinha rotina de mais de 12 horas dentro do escritério. Exceção feita a eventuais visitas a clientes e fornecedores, eu passava os dias circulando internamente, em um ambiente fechado, vendo o nascer e o pôr do sol pelas vidraças...

É fácil justificar nossas escolhas. Primeiro, é evidente que temos que ganhar dinheiro, tanto para nos valorizar, quanto para dar sustentabilidade às nossas famílias. Por isso, o trabalho vem sempre em primeiro lugar. E num país em que os impostos são elevados, mas não temos serviço público adequado, os gastos são ainda maiores, pois é necessário pagar plano de saúde, investir na educação privada dos filhos, adquirir seguros diversos, entre outras obrigações.

Enquanto você lê esta obra, por favor, comece a refletir sobre sua rotina. Afinal, só fará sentido esta leitura se você puder repensar a maneira como tem conduzido sua vida diante das suas prioridades.

1

A descoberta

> "LONGA É A VIAGEM RUMO A SI PRÓPRIO;
> INESPERADA É SUA DESCOBERTA."
> **(Thomas Mann)**

Era um sábado, no mês de julho, quando eu dirigia meu carro tranquilamente numa tarde ensolarada, embora com um clima frio típico de inverno. Estava na estrada, em um ambiente muito agradável, repleto de árvores no entorno, a caminho de rever um grande amigo que há muito não nos encontrávamos.

De repente, ao tentar fazer uma mudança de marcha, não consegui embrear... Naquele instante, era como se meu pé esquerdo não tivesse força para reagir a uma ação tão simples e banal.

Apreensivo, com o pé direito acionei a embreagem, colocando o câmbio em modo neutro e parei no acostamento. Desci, dei alguns passos, flexionei as pernas algumas vezes, e retornei ao veículo. Sentei-me no banco e ao pisar a embreagem, tudo transcorreu normalmente. Dei a partida e segui meu percurso com naturalidade, mas ainda intrigado com o que havia ocorrido.

Cheguei à residência do meu amigo, onde conversamos demoradamente. Trocamos ideias, compartilhamos aprendizados e almoçamos juntos. Como foi bom revê-lo!

Retornei para casa no final da tarde, seguindo minha rotina. Minha esposa, sempre no celular, minha filha sempre em frente à televisão, eu sempre preso ao computador. A única diferença era quando íamos almoçar em algum restaurante aos domingos.

Dias depois, numa quarta-feira, quando estava a caminho do trabalho, o mesmo problema ocorrido naquele sábado, quando estava na estrada, voltou a acontecer. Contudo, desta vez, de nada adiantou parar e movimentar as pernas, pois a esquerda estava meio dormente. Tive que estacionar o carro na rua, pegar um táxi e comunicar à empresa que estava a caminho de um hospital para realizar exames, pois na verdade era necessário saber o que estava se passando.

Chegando lá, passei por todos os procedimentos convencionais de atendimento em pronto-socorro. Primeiro, um clínico geral, que após solicitar exames diversos e analisá-los, nada pôde concluir diante dos resultados.

Então, de acordo com o meu relato, fui conduzido ao neurologista de plantão que decidiu solicitar uma tomografia. Se você ainda não fez uma, espero que nunca precise fazê-la! São cerca de 20 minutos deitado sobre uma superfície dura feito pedra, sem poder se mexer sob o risco de ter que reiniciar procedimento. Não é à toa que estatísticas indicam que até 90% das crianças precisam ser sedadas para realizar este tipo de exame.

Após aguardar duas horas pelo resultado do exame, fui novamente chamado. Desta vez, ao lado do neurologista estava um oncologista. Ele foi sereno e sincero, pois não estava lidando com um garoto.

— Senhor, lamentamos muito, mas os exames apontam a existência de um tumor cerebral. Por isso, precisamos que permaneça no hospital para fazer uma série de outros exames e procedimentos para que possamos avaliar adequadamente as causas e, a partir dos resultados, passar orientações e procedimentos apropriados.

Diante do exposto, evidentemente concordei com a solicitação e apenas telefonei ao escritório para informar que não seria possível comparecer naquele dia. Permaneci no hospital e segui todas as orientações solicitadas.

No final do dia, fui novamente atendido pelo médico e descobri o que estava acontecendo. Um dos exames feitos, uma broncoscopia, apontava câncer no pulmão que havia se desenvolvido há meses. Embora eu não fosse fumante – e a probabilidade de ocorrência deste gênero é de apenas 7% para quem não faz uso de cigarro – a neoplasia apresentava metástase no cérebro, o que justificava a perda de sensibilidade na perna esquerda. Ambos os processos cancerígenos estavam muito avançados o que fez o especialista sinalizar que minha expectativa de vida era de cerca de seis meses.

2

A negação

"O HOMEM ESTÁ SEMPRE DISPOSTO A NEGAR
TUDO AQUILO QUE NÃO COMPREENDE."

(Blaise Pascal)

Saí do hospital evidentemente extasiado. Como aquilo ocorreu? Como não houve em nenhum momento um alerta qualquer que me conduzisse a um tratamento para reverter aquele quadro? Por que isso está ocorrendo comigo?

Cheguei em casa em um horário não muito diferente do convencional. Jantei com minha filha de 9 anos em total silêncio. Perguntaram-me se estava tudo bem e eu disse que estávamos com alguns problemas na empresa.

A noite foi terrível. Eu, que não tenho dificuldades para dormir, pois sempre que encosto a cabeça no travesseiro pego no sono em cinco a dez minutos, simplesmente não conseguia relaxar. Passaram-se duas, três horas e eu rolando na cama.

Enquanto isso, a cabeça fervia. Um milhão de pensamentos simultâneos, mas a primeira reação de quem passa por uma situação adversa é a negação. Assim que as coisas se passam pela nossa mente.

Você faz uma prova na faculdade e tem a convicção de que foi muito bem. Depois, ao receber a nota, descobre que a avaliação foi medíocre. Você se revolta e vai até o instrutor para questioná-lo sobre o porquê daquele resultado.

No trabalho você desenvolve seus procedimentos e certo dia é chamado pelo seu supervisor que lhe questiona os resultados obtidos. Você ouve seu chefe, recebe uma série de questionamentos e sai da sala revoltado com a postura dele, pois você acredita ter feito o melhor.

Um dia você resolve ir a uma balada ou a uma festa organizada por conhecidos. Quando está lá, vislumbra uma garota que lhe chama a atenção e de alguma forma tenta se aproximar. Você busca dialogar, assume uma postura gentil e acredita que a está conquistando, mas minutos depois descobre que ela o achou um idiota, ou seja, não houve nenhuma conexão por parte dela que pudesse promover um possível relacionamento entre ambos.

Esta é nossa natureza. Quando algo não nos agrada, a tendência é culparmos o outro, defendendo nossos princípios e postura. Por isso, no dia seguinte, após cochilar poucas horas por cansaço, despertei e tomei a decisão de buscar um outro hospital para fazer outros exames. Afinal, aquele "idiota" que havia me atendido não sabia o que estava falando.

Informei à empresa que não poderia comparecer naquele dia, por questões pessoais – evidentemente sem relatar os motivos – e decidi escolher um hospital renomado para fazer novos exames.

Solicitei a uma de minhas irmãs, que é médica, que analisasse todos os exames que eu havia feito no dia anterior. Num primeiro momento ela ficou assustada e apreensiva. Eu lhe disse que estava com muita dor de cabeça e tosse recorrente, motivo pelo qual ela recomendou fazer não apenas um raio X, mas vários outros exames. Ela emitiu o pedido, mandou-me por e-mail para impressão e então segui para o hospital selecionado.

Ao chegar ao local, é claro que não informei que havia feitos exames anteriores. Apresentei os pedidos e segui todos os procedimentos.

Desta vez, como não iniciei os exames através de um pronto-socorro, não houve um atendimento prévio. Agendei uma consulta ao final do dia e aguardei os resultados, informando que seria necessário recebê-los com urgência para a avaliação de quem me atenderia posteriormente.

Os resultados apresentaram algumas características muito técnicas, coisa que não é da minha área. Por isso, embora fosse possível avaliar superficialmente os resultados – que, diga-se de passagem, não eram distintos do que eu fizera no dia anterior – aguardei pelo atendimento agendado.

Após ser recebido, o diagnóstico foi igual ao visto anteriormente, ou seja, câncer no pulmão com metástase cerebral.

Assim, da negação passei à aceitação, compreendendo os fatos e entendendo que aquela notícia seria suficiente para mudar o curso de minha história...

3

A depressão

> "A DEPRESSÃO É O ÚLTIMO ESTÁGIO
> DA DOR HUMANA."
>
> *(Augusto Cury)*

Diante dos resultados, agora em dose dupla, retornei para casa absolutamente impactado.

Fui para o quarto e comecei a refletir. Relembrei um pensamento que tive há alguns anos sobre ansiedade e angústia, dois companheiros indesejados que afligem nossos pensamentos e nosso cotidiano.

A ansiedade representa um estado de impaciência, de inquietação, um desejo recôndito de antecipar uma decisão, de abreviar uma resposta, de aplacar expectativas. Sentimo-nos tensos ou até ameaçados, gerando inquietação, preocupação e até insônia.

A angústia é uma sensação de desconforto, um mal-estar físico que oprime a garganta, comprime o diafragma, acelera o pulso, e um mal-estar psíquico que aflige, agoniza, atormenta. Há também uma característica psicológica, podendo conduzir a pensamentos negativos, uma sensação de tristeza permanente e uma percepção de realidade distorcida.

A ansiedade é um tempo que não chega; a angústia, um tempo que não vai embora.

Amantes que aguardam pelo primeiro encontro é ansiedade; relacionamentos desgastados que não terminam é angústia. O prenúncio do final de semana para um pai divorciado é ansiedade; a despedida dos filhos no domingo à noite é angústia. A espera pelo resultado de um concurso é ansiedade; ter seu nome classificado em uma lista de espera é angústia. A expectativa do primeiro dia de trabalho é ansiedade; o fim do expediente que demora é angústia.

Ficamos angustiados por opção, por força de nossas próprias escolhas, por causa de coisas e pessoas. Assumimos compromissos financeiros que não podemos saldar, adquirimos bens pelos quais não podemos pagar. Tudo em busca de *status*. Compramos o que não precisamos, com o dinheiro que não temos, para mostrar a quem não gostamos, uma pessoa que não somos.

Eu aboli a ansiedade e a angústia de minha vida há anos, após desenvolver resiliência ao fechar uma empresa que tive em decorrência de inadimplência. Com quase uma centena de funcionários em uma metalúrgica, quando o Governo do Estado de São Paulo decidiu desativar a Casa de Detenção no Carandiru, construindo 22 presídios no interior do Estado, eu vislumbrei que seria grande oportunidade para ter capital próprio.

Trabalhei em 11 presídios fazendo desde portas de cela de prisão até cercamentos metálicos. O detalhe foi quem contratou minha empresa não foi o Governo, mas sim três construtoras que, ao final, não me pagaram!

Para você ter uma ideia, após esta inadimplência, cheguei a ter conta em 17 bancos e 18 factorings, ou seja, passei a ser um mero gestor financeiro durante três anos, fazendo apenas pagamentos sem literalmente gerir a empresa. Foi quando experimentei o prazer de estar no topo e a dureza do fundo do poço. E notei que era a hora de parar e mudar quando problemas ruins passaram a habitar não apenas meu cotidiano, mas meus pensamentos e sonhos.

Nos tempos difíceis da empresa, quando eu saía para uma situação privada, fosse uma reunião ou uma mera sessão de cinema, ao ligar o telefone ou acessar o e-mail eu sabia que problemas me aguardavam...

Eram situações litigiosas, desagradáveis e até terríveis. Eu gostaria de não ligar o telefone, não atender ao visitante, não olhar as mensagens, mas estas não eram opções possíveis, pois minhas responsabilidades não permitiam a omissão. Apanhei tanto que aprendi a lidar com as adversidades. Quando encerrei as atividades, tive ao menos o prazer de quitar integralmente todos os débitos junto aos colaboradores, embora restassem muitos débitos com impostos e bancos.

No dia seguinte ao recebimento do diagnóstico, sexta-feira, ao chegar na companhia, é certo que eu não era a mesma pessoa. Estava ríspido com todos a ponto de um colega mais próximo questionar se havia ocorrido algo em casa, pois eu estava literalmente destratando quem tentava dialogar.

Esta situação se repetiu durante o final de semana, com todos que cruzaram meu caminho, fossem familiares ou amigos. E só no domingo à noite, mais uma vez isolado e por me conhecer muito bem, percebi que estava entrando em um processo depressivo. E quais as consequências disso? Perda da autoestima, pessimismo, sensação de inferioridade, vitimização.

Mas o fato é que eu estava correndo contra o tempo. É certo que não se pode precisar exatamente quantos dias de vida eu teria pela frente, mas diante de uma perspectiva de 180 dias, era necessário começar a tomar providências diversas, afastar a depressão e começar a agir em busca da superação.

4

O trabalho

"O TRABALHO IRÁ ESPERAR ENQUANTO VOCÊ MOSTRA ÀS CRIANÇAS O ARCO-ÍRIS, MAS O ARCO-ÍRIS NÃO ESPERA ENQUANTO VOCÊ ESTÁ TRABALHANDO."
(Patricia Clifford)

Na segunda-feira, ao chegar ao trabalho, cancelei todas as reuniões e compromissos agendados e fechei-me em minha sala. Realizei algumas tarefas básicas, dei alguns telefonemas, respondi e-mails, mas no decorrer de todo o dia fiquei refletindo sobre o que deveria fazer do ponto de vista profissional.

Fazia sentido eu continuar trabalhando tantas horas diárias se minha prioridade, diante do tempo exíguo, eram a minha família, alguns amigos especiais e buscar de alguma forma deixar um legado para minha filha e a sociedade?

Durante anos me privei das mais diversas atividades, incluindo viagens e lazer, para enaltecer minha carreira. É certo que cada um de nós tem sua própria forma de pensar e agir, mas tenho convicção plena de que a grande maioria de nós prioriza o lado profissional.

A evolução na carreira começa na mais tenra idade, quando você tenta identificar sua real vocação para depois selecionar a profissão adequada. Depois você ingressa em um estágio e paulatinamente vai avançando, recebendo novas demandas e responsabilidades, sendo gradualmente promovido e recebendo maior remuneração por isso.

Ao longo deste processo você constrói relações verdadeiras e intensas, mas também passa por situações desgastantes, como falta de apoio, sensação de isolamento, sem falar nos "falsos amigos", pessoas que estão apenas aguardando uma oportunidade para lhe passar a perna e tentar tomar o seu lugar.

Dias e semanas passam, e note como ficamos com tempo limitado para desfrutar da companhia de nossos principais relacionamentos em virtude das demandas profissionais.

Infelizmente, temos o mal hábito de viver em modo automático. Passamos nossa existência neste planeta buscando sucesso e realização sempre pautados em bens materiais. Buscamos riquezas para mostrar aos outros o quanto somos importantes, o quanto temos, o quanto podemos.

É preciso discernimento para identificar o que nos faz mal e coragem para eliminar tais fatores de nossas vidas. Tudo o que fazemos somente tem sentido quando pode nos proporcionar alegria e prazer. É evidente que há tarefas operacionais e situações enfadonhas que marcam nosso cotidiano, mas mesmo estas precisam estar vinculadas a um objetivo maior.

Se você está em uma organização ou exerce uma atividade profissional que tem sido um fardo em sua trajetória, mantendo um emprego porque precisa garantir seu sustento, reflita sobre como você tem alimentado a infelicidade. Acredite: questões materiais se resolvem com o tempo, pois sempre será possível reiniciar. Mas você precisa desenvolver a arte do desapego e aprender que menos pode ser mais. Por isso, considere a possibilidade de pedir demissão ou buscar uma nova carreira. Certamente esta não é uma escolha fácil, mas você pretende prolongar isso por quantos anos? O oposto do engajamento é a falta de reconhecimento...

Perseguimos a felicidade como se ela fosse nosso único e maior objetivo. A felicidade são momentos, ocasiões pontuais nas quais o sorriso espontâneo se revela, regado por beijos doces e abraços quentes. Já a infelicidade, quando nos abate, tem a capacidade de se prolongar, pois não deseja ser breve. Ela se instala em nossa mente e em nosso coração, comprometendo o raciocínio, os relacionamentos e toda nossa rotina.

Diante deste cenário, não percebemos que as horas passam, muitas vezes em atividades não apenas meramente operacionais, mas num contexto que não promove propósito algum.

Ao final do dia, fui até o diretor da empresa e lhe solicitei alguns minutos de sua atenção. Contei-lhe o que estava ocorrendo, mostrei-lhe o resultado dos exames e tomei a imediata decisão de pedir afastamento. Antes de fazê-lo, coloquei-me à disposição para fazer a transição para um sucessor que ele mesmo escolheria. Não seria justo eu prejudicar quem durante anos confiou em mim e me deu grandes oportunidades.

Durante o diálogo com o diretor, fiz-lhe outro pedido. Que ele formalizasse minha demissão permitindo que eu pudesse sacar o FGTS, pois uma de minhas preocupações era dar suporte financeiro em casa e este resgate seria providencial.

Permaneci na companhia por apenas mais duas semanas exatamente fazendo a transição para o novo gestor. No decorrer deste período, montei relatórios e planilhas para lhe dar suporte, procurando ajudá-lo a dar continuidade ao trabalho. Transmiti-lhe todas as informações possíveis sobre clientes, fornecedores, perfil dos colaboradores, enfim, compartilhei todas as informações com o intuito de facilitar e apoiar sua jornada. Procurei instruí-lo sobre a importância do trabalho em equipe.

Aproveitei para agradecer ao diretor por sua compreensão. Internamente, passei a notícia de que iria abrir minha própria empresa, motivo pelo qual estava saindo.

Aos colegas mais próximos, agradeci-lhes por todo o apoio e parceria ao longo dos anos em que trabalhamos juntos. E fizemos uma despedida na sexta-feira em um bar onde pudemos resgatar histórias e nos divertir.

Feito isso, estava concluída minha jornada profissional.

5

A revelação

"AS PALAVRAS HONESTAS REVELAM
A HONESTIDADE DE QUEM AS PRONUNCIA."
(Miguel de Cervantes)

Durante as duas últimas semanas em que realizei minha transição no trabalho, várias vezes pensei em não revelar para familiares e amigos o que estava acontecendo. A intenção seria evitar o sofrimento deles, deixando para contar os fatos apenas nos últimos instantes.

Muitas ideias me passaram pela cabeça. Eu poderia dizer que a companhia estava em crise e, por este motivo, fui demitido. A partir daí fingiria estar em busca de uma recolocação. Enquanto isso, aproveitaria com ênfase a presença junto às pessoas que amo.

Porém, se há algo que procuro enaltecer são valores, os princípios que balizam nosso comportamento e que guiam nossa tomada de decisões. E a falsidade não pode ser inserida neste contexto. Há situações muitos pontuais em que mentir pode ser justificável. Por exemplo, minha filha continua acreditando que Papai Noel e Fada do Dente existem. E não vou alterar este seu pensamento, porque haverá a fase e a idade certa para que ela descubra a verdade. Até lá, continuará sempre presenteada no Natal e a cada dente de leite perdido. Também continuarei mentindo quando for promover uma festa surpresa para um grande amigo até a hora em que ele chegar ao local e for surpreendido por várias pessoas queridas que compareceram para homenageá-lo. A mentira é aceitável quando o outro, ao descobrir a verdade, não se sente ofendido pelo relato feito. Fora ocasiões como esta, penso que a mentira não cabe e tem que ser abolida.

Por este motivo, tomei a iniciativa de revelar os fatos àqueles que admiro e aprecio. E para fazê-lo resolvi organizar dois eventos. O primeiro seria já no final de semana e apenas com familiares. Reuniria minha esposa e seus pais (os meus, infelizmente, já faleceram), minha filha e irmãs. O segundo encontro seria organizado mais adiante com amigos especiais e que fizeram diferença em minha vida.

A reunião familiar ocorreu no domingo. Organizamos um churrasco regado a diversas bebidas e muita descontração. Após algumas horas, solicitei que todos se sentassem para eu dizer "uma novidade". Transcrevo abaixo o breve discurso que fiz:

> *Família querida. Chamei vocês aqui hoje porque preciso lhes relatar algo. Vejam como o dia de hoje está sendo maravilhoso, como é gostoso nos reencontrarmos para comer e beber juntos, contar piadas e nos abraçarmos. Mas pensemos juntos: há quanto tempo não fazíamos isso? Estamos sempre correndo contra o tempo, trabalhando muito e colocando em segundo plano encontros prazerosos como estes.*
>
> *Há cerca de 20 dias tive um problema de saúde e fui a um hospital. Fiz exames diversos e descobriram que estou com tumor nos pulmões com metástase no cérebro. A doença está muito evoluída e não há cura ou como reverter isso. Minha expec-*

tativa de vida está em torno de seis meses. Sei que isso é um grande impacto para todos vocês, mas imaginem como foi para mim.

Inicialmente, pensei em não compartilhar este fato com vocês. Mas entendo que não seria correto, pois penso que além de falar a verdade, precisamos aproveitar este período para vivenciarmos tudo com intensidade.

Em função disso, eu pedi demissão e tomei a decisão de desfrutar ao máximo cada minuto com vocês e as pessoas que amo. Quero aproveitar este período para vivermos cada momento. Por isso, reservem todos os seus próximos finais de semana para fazermos algo. Vou montar um planejamento com diversas atividades e espero tê-los ao meu lado em cada uma destas oportunidades.

Entendo que minha missão aqui já foi cumprida e pretendo ir em paz e ciente de que realizei o meu melhor durante minha trajetória. Esteja eu aonde estiver, sempre estarei junto a vocês, amando-os cada vez mais.

A vida é um presente que deve ser desfrutado com todas as nossas forças.

Após este relato, tivemos instantes de muito choro. E o maior impacto foi para minha filha, devido à conexão que sempre tivemos. Nos abraçamos muito, ficamos juntos e decidimos que iríamos aproveitar o tempo que ainda tínhamos.

6

A família

> "A NATUREZA NOS UNIU EM FAMÍLIA
> E DEVEMOS VIVER NOSSAS VIDAS UNIDOS,
> AJUDANDO UNS AOS OUTROS."
>
> **(Sêneca)**

Após o pedido de demissão e a revelação dos fatos à minha família, senti-me mais leve para aproveitar com intensidade o tempo que tinha. São as pessoas que convivem conosco, a quem procuramos fazer o melhor, que nos apoiam em diversas situações. Por isso, a proximidade e o contato físico são tão essenciais. Isso não significa apenas estar no mesmo ambiente, mas dar carinho, atenção e afeto. Abraçá-los com intensidade a ponto de sentir seus corações. Temos o hábito de não dizer o que sentimos, deixando tudo subentendido. Já refletiu sobre como você tem tratado seus familiares?

Há pessoas que têm familiares distantes, não raro vivendo em outros Estados e alguns até em outros países. Ainda que tenhamos um contato virtual com tais pessoas, nada se compara à presença física. Tenho um amigo, por exemplo, cuja mãe tem 79 anos de idade e mora sozinha, em outra cidade. Compreendo a dinâmica de seu cotidiano, mas por que não visitar com maior frequência ou trazê-la para ficar uns dias em sua casa?

Isso também se aplica a seus irmãos, se os tiver. Não é raro por algum motivo ocorrer um certo distanciamento em decorrência de conflitos. Dependendo da personalidade de cada um, a tendência é culpar o outro e aguardar que este lhe peça desculpas e perdão para retomar o contato. O que nos impede de fazer o inverso, deixar de argumentar o porquê dos fatos e simplesmente se antecipar para pedir desculpas e retomar o contato? E se tal discórdia não é sua, mas há esta ocorrência entre seus irmãos, procure conciliá-los, tomando você a providência de superar tais conflitos e divergências. Lembre-se de que uma família desunida não é uma família...

Temos o mal hábito de descuidar das pessoas que amamos para depois levarmos flores e pedidos de perdão em seu velório!

Passei a levar e buscar minha filha na escola. Embora seja um procedimento protocolar, era mais uma forma de interação com ela. Enquanto a levava, aproveitava para olhar seu rosto pelo espelho retrovisor, admirando sua beleza, vendo seu sorriso maravilhoso. Ao chegar na escola, aproveitava para estacionar o carro e conduzi-la até a porta de sua sala, aproveitando para lhe dar um abraço intenso e um beijo amoroso. Talvez sua rotina não lhe permita isso, fazendo com que você tenha que contratar uma van para buscá-la e levá-la de volta para casa, mas você já considerou a possibilidade de um dia por mês, sair bem mais cedo para seu trabalho, adiantar suas tarefas e no final da tarde antecipar sua saída e surpreender sua criança indo buscá-la na escola de uma forma inusitada e sem aviso prévio? Imagine a impacto e a surpresa junto ao seu filho ou filha...

Aproveite também para assistir filmes e TV, mas crie o hábito de ler para seus filhos seja uma vez por semana, ou ao menos, uma vez por mês. Também é importante você prepará-los para conviver sem sua presença, não por uma questão de saúde, mas porque podemos sofrer um acidente no trânsito, por exemplo, que pode afastá-lo de sua família.

Resgatamos também os cafés da manhã e jantares. Passei a despertar mais cedo para preparar uma refeição gostosa pela manhã, indo muitas vezes à padaria próxima para comprar um pão fresquinho ou fazer uma tapioca. Optei por dormir menos horas por dia, evidentemente descansando o suficiente, mas com o intuito de ganhar mais tempo para tudo o que precisava fazer antes de minha partida.

E com relação aos jantares, nada daquela coisa de cada um comer no horário que quiser e quando desejar. Preparávamos a mesa para comermos juntos, com televisão e celular desligados, para conversarmos. Era a oportunidade de minha filha dizer como foi seu dia na escola, o que fez, o que aprendeu. E se você tem um filho adolescente, talvez seja o momento de promover diálogo, o que é ainda mais essencial, pois ele pode, nesta ocasião, relatar a você que poderá descobrir não apenas as coisas boas que ele tem vivenciado, mas em especial problemas que possa estar enfrentando. Seja a prática do *bullying* na escola, insatisfações que seu filho manifeste até mesmo o risco eventual, mas possível, de ele estar usando drogas por influência de terceiros. Antes de você dizer "isso nunca aconteceria com minha família", coloque a prepotência de lado e reflita a respeito.

Precisamos resgatar estes instantes, buscando rir mais, jogar conversa fora, coisa que atualmente, com a correria do dia a dia, não fazemos...

Deixar claro o quanto amamos aqueles que são importantes, deixando explícito este sentimento sem máscaras ou limites, vivendo sem culpa, com carinho, atenção e afeto.

A intenção era que eu, mais tarde, pudesse ser lembrado por todos. Afinal, todo mundo esquece de todo mundo – é a lei natural da vida. A saudade vai ficar, mas temos que dar intensidade aos encontros. Amar mais, abraçar mais, dar vigor aos encontros.

São situações simples e muito possíveis. Bate-papo na varanda ou na área externa do apartamento. Jogar videogame com as crianças. Dormir de conchinha mais vezes.

Lembre-se de que todos nós partiremos um dia. Por isso, é importante que você prepare seus familiares, em especial seus filhos, ainda mais se forem pequenos, para seguirem a vida após sua saída. Considere a possibilidade de deixar lembranças alegres que possam ser lidas ou ouvidas posteriormente. Lembre-se sempre de dizer "eu te amo" com sinceridade e sempre que possível.

7

As finanças da família

"SE VOCÊ NÃO CONHECE O VALOR DO DINHEIRO,
TENTE PEDIR ALGUM EMPRESTADO."

(Benjamin Franklin)

Após o impacto do encontro de domingo, quando relatei aos meus familiares o que estava ocorrendo, algumas iniciativas precisavam ser tomadas para dar um mínimo de estabilidade a eles. Não podemos ser hipócritas de achar que o lado financeiro não conta.

Por educação e precaução, algumas iniciativas eu já tinha tomado. Plano de saúde sempre houve, como comentei anteriormente, infelizmente não podemos depender do serviço público. Além disso, há anos contratei um seguro de vida e também uma previdência privada, pensando na escola de minha filha.

Comecei a estruturar aspectos diversos para evitar problemas para eles após a minha partida. Organizei documentos, fiz procuração em nome de minha esposa para lhe dar total autonomia, evitando a necessidade de qualquer tipo de apoio judicial. Preparei um testamento, assinado e com firma reconhecida, para evitar problemas.

Em paralelo, atualizei a planilha de custos, incluindo orientações sobre o perfil de nossas despesas.

Não é raro algumas pessoas dizerem: "Já que vai morrer, aproveite para fazer diversos empréstimos bancários, em vários estabelecimentos, afinal, eles não terão como cobrar posteriormente". Este é um momento para voltarmos à questão dos valores. Estamos vivendo um dos piores momentos deste país no que tange a questões éticas. Senadores, deputados e empresários envolvidos em esquemas de corrupção. Mas isso não se restringe a esta turma. Infelizmente isso faz parte da nossa essência. Adotamos posturas antiéticas sempre que nos convêm. Vou dar alguns exemplos.

Em um final de semana fui ao cinema com minha esposa e filha. A fila era extensa, tanto que levamos mais de 30 minutos para adquirir os ingressos. Havia uma fila preferencial para idosos, pessoas com deficiência e gestantes. De repente, aparece um casal com três filhos, sendo o mais jovem com cerca de 5 anos de idade. Eles deveriam usar o acesso especial? Evidentemente não, mas o fizeram. Minutos depois, surge outro casal na mesma fila. Ao ser chamado, o pai pega o filho com cerca de 6 anos no colo apenas para se justificar. E o pior é que a funcionária no caixa, ao invés de recusar o atendimento, prosseguiu, enquanto o gerente da unidade também não tomou nenhuma iniciativa. Quero salientar que nenhuma das crianças envolvidas aparentava qualquer tipo de necessidade especial.

Em uma viagem recente usei um táxi para me deslocar. Em nosso diálogo, o motorista me contou que atendeu um grupo de executivos que, ao final da corrida, questionaram se ele poderia fazer alguns "recibos extras" que seriam usados para obter reembolso, pois utilizariam o valor para irem a baladas noturnas. E, claro, ofereceram ao taxista uma comissão de 20% sobre o valor de cada documento emitido. Aquele taxista recusou o pedido, mas tenho conhecimento de que outros não devem ter adotado o mesmo procedimento.

Levei minha filha a uma loja para fazer a troca de um brinquedo. Após sairmos, ela comentou: "Papai, parece que tem uma caixa a mais dentro da sacola". De fato, incluíram equivocadamente o item trocado dentro da embalagem. Imediatamente retornamos à loja e devolvemos o produto ao vendedor. Ao adotar este procedimento, ficou evidenciado para minha filha que devemos fazer o que é certo, e não o que nos convêm.

A falta de ética está naqueles que usam o acostamento para ganhar alguns minutos e estacionam em vagas preferenciais. Está em quem adquire produtos pirateados porque o custo é menor. Está nas pessoas que fazem um acordo com um dentista ou médico pela não emissão de nota fiscal em troca de um desconto. Está naqueles que usam CPF de terceiros para reduzir o imposto de renda a pagar. Está no jovem estudante que cola numa prova escolar...

Levaremos duas ou três décadas para mudar este *status* se iniciarmos mudanças a partir de agora. Vamos continuar sendo o "país do jeitinho" ou quais valores pretendemos exaltar? Tais mudanças começam em casa, são apoiadas pela educação já a partir do ensino fundamental e depois precisam ser disseminadas. Não é o que estamos buscando, não é o que estamos fazendo.

Caráter é sua essência, enquanto reputação é o que os outros pensam a seu respeito. Caráter é o que você faz quando ninguém o está observando.

E retomando a questão das finanças, temos o mal hábito de não avaliar adequadamente as nossas despesas.

Por exemplo, vamos falar de alimentação. Os valores precisam considerar despesas com supermercado, padaria, feiras livres, refeições fora de casa, restaurantes, pizzarias, lanchonetes e até um café que você compre.

A saúde envolve a contratação de um plano que você pague mensalmente, mas é preciso compactar despesas com médicos, dentistas, exames eventuais, farmácia e até a academia.

A habitação deve considerar o aluguel pago, mas se você tem casa própria, lembre-se de considerar o condomínio, seguro residencial, água e energia elétrica, gás, despesas com internet, telefone fixo e celular, despesas com faxineira, prestações de serviços eventuais, manutenção e reforma.

A educação não envolve apenas o colégio pago, mas transporte, materiais, livros, aulas extras, atividades externas, estudo de um idioma, cursos e eventos.

Cultura e lazer devem considerar idas ao cinema (incluindo a pipoca), espetáculos em teatro ou outros eventos, jornais e revistas, passeios, festas e viagens.

O transporte deve incluir o combustível, despesas com ônibus ou metrô, seguro do veículo, DPVAT anual, estacionamento, pedágio, manutenção e multas.

E há ainda despesas diversas, como mesada ou pensão para quem está divorciado, cigarro para os fumantes, doação a entidades assistenciais, entre outros.

Observe que fui sintético nos relatos acima, mas esta é apenas uma maneira de organizar as despesas, entre outros tópicos que não foram relatados.

8

A amizade

"A AMIZADE DUPLICA AS ALEGRIAS
E DIVIDE AS TRISTEZAS."
(Francis Bacon)

Além obviamente da relação com a família, os amigos representam um de nossos maiores patrimônios e legados. Desenvolvemos a amizade desde a mais tenra infância. Resgate seu passado para se lembrar daqueles que estudavam com você desde o início de sua jornada. Pessoas que além de dividir a sala de aula, curtiam com você o recreio, muitas vezes até partilhando a merenda. Faziam tarefas juntos, estudavam para as provas, compartilhavam atividades diversas, desde um esporte até oficinas de artes e, o mais agradável, brincavam com você nos mais diferentes ambientes.

Amigos de fato são poucos. Não estamos falando de conhecidos, aqueles que entram e saem de nossas vidas, nem tampouco de colegas, pessoas que estão no nosso cotidiano, alguns em uma escola, a maioria no ambiente profissional. Gente que conhecemos superficialmente, sabemos muito sobre suas tarefas e obrigações, mas com as quais não temos proximidade: não sabemos onde moram, quem são seus pais, o que apreciam.

Os verdadeiros amigos são aqueles que compartilham nossas alegrias e vitórias, mas que também nos apoiam diante das adversidades e da infelicidade. São bons ouvintes, escutando-nos com paciência para que possamos desabafar nos maus instantes, sem a pretensão de tecer comentários ou opiniões. Respeitam nossas diferenças antes mesmo de desfrutar as semelhanças. Ouvem nossos segredos e também dividem os deles com base na confiança e no carisma.

Na prosperidade, nossos amigos nos conhecem; na adversidade, conhecemos nossos amigos. São pessoas que estão sempre próximas, mesmo quando a geografia não permite, nos contatando por telefone, e-mail, celular ou sinal de fumaça. Chegamos a desenvolver tamanha afinidade e admiração por alguns que passamos a chamá-los de irmãos.

A amizade torna as pessoas mais amenas, gentis, generosas e felizes. Mas, para se ter amigos, é preciso antes ser um. E isso demanda proximidade...

É claro que o tempo pode nos impedir o contato presencial com a frequência que desejávamos. Haverá ocasiões em que você poderá apenas telefonar no aniversário de seu amigo para parabenizá-lo. Mas precisamos criar oportunidades para encontros. Olhos que brilham, braços que envolvem, palavras que acalentam. Por isso, mantenha contato com seus amigos. Não deixe que as relações se percam.

Por isso, tomei duas grandes iniciativas. A primeira já havia comentado antes: reunir os amigos especiais em um grande encontro. Para tanto, chamei pessoas de todas as minhas fases: infância, pré-adolescência, adolescência, adulto. Aproveitei o espaço de meu condomínio para fazer este evento, ocasião na qual foi possível reviver momentos muito especiais. Um dos participantes era músico e fez uma incrível apresentação para todos. Aproveitei meus arquivos para montar uma apresentação com fotos diversas em que a grande maioria dos convidados aparecia. Foram instantes de muito carinho, atenção e afeto. Ouvi dizer que após a festa, houve pessoas que não se conheciam e que acabaram iniciando um relacionamento!

Um detalhe deste encontro é que optei por não comunicar a eles meu estado de saúde. Diferentemente da questão familiar, queria promover um evento de alegria, de modo que não seria conveniente relatar os fatos. Àqueles amigos mais próximos, a quem chamo de irmãos, posteriormente agendei encontros pessoais para lhes contar os fatos.

A segunda iniciativa, que na verdade aconteceu antes, envolve o perdão. Durante a faculdade desenvolvi uma forte amizade com um rapaz. Estávamos sempre juntos a ponto de nos candidatarmos para um estágio na mesma empresa. Ambos fomos aprovados e começamos a trabalhar juntos. Contudo, tínhamos características muito diferentes. Enquanto eu tinha o hábito de planejar ações e cumprir horários, ele era totalmente indisciplinado. Chegava atrasado em reuniões e esquecia de compromissos agendados, de modo que tais atitudes acabaram criando grandes desavenças entre nós.

O detalhe é que nós dois nos complementávamos. A habilidade de um era a fraqueza do outro, e vice-versa, de modo que apesar das diferenças, juntos conseguíamos gerar grandes resultados. Contudo, a diferença entre as personalidades criou discussões que se ampliaram ao ponto de nos distanciarmos.

Guardar ressentimento de alguém é o mesmo que tomar veneno esperando que o outro morra. Por falta de humildade ou por inflexibilidade, muitas vezes julgamos mal as pessoas e avaliamos inadequadamente uma situação. E na defesa de nossos próprios interesses acabamos por agir inadvertidamente, ferindo e magoando com a aspereza da palavra ou com a dureza das atitudes.

Muitos anos se passaram, mas sabíamos o que cada um fazia e onde estava. Diante do atual contexto, entendi que eu deveria procurá-lo. Não avisei antecipadamente que iria ao seu encontro. Aguardei durante um bom tempo sua saída do escritório. Ao me encontrar, ele me cumprimentou formalmente, ainda com um olhar estranho como quem diz: "O que este cara está fazendo aqui?".

Perguntei-lhe se ele podia me ceder alguns minutos e o convidei para um café na padaria próxima. Ele disse que precisava ir embora, mas diante do argumento de que eu não tomaria nem dez minutos, ele acabou aceitando.

Ao sentarmos, fui muito breve. Não resgatei a desavença que tivemos, pois evidentemente isso estava em nossas memórias. Apenas disse a ele que eu lamentava muito o fato ocorrido, que por força de toda nossa história anterior ele era uma pessoa importante e que eu admirava, e diante de tudo isso eu gostaria que ele me perdoasse e voltasse gradualmente, na medida do possível e dentro de seu tempo e percepção, a retomar nossa amizade.

O diálogo foi breve, porém intenso. Ele se surpreendeu e felizmente optou por não retomar o assunto do passado com intenção de debatê-lo. Tomamos nosso café, nos despedimos de uma forma já diferenciada e seguimos adiante.

É importante relatar que não compartilhei com ele minha doença, mesmo porque a intenção era efetivamente resgatar o diálogo. Muitas vezes nos prendemos a fatos e situações pontuais e, por orgulho e falta de humildade, deixamos de resgatar relacionamentos que são importantes. Quero compartilhar também com você que ainda que esteja certo de que o outro está errado, assuma a culpa, peça perdão e resgate o relação. O que importa não é quem está certo, mas sim a amizade.

Apenas para ficar registrado, este amigo compareceu à festa que relatei acima...

Procure pessoas com quem você gostaria de se aproximar, mas não teve coragem de fazê-lo. Aproxime-se e relate a admiração que tem por elas.

Outra providência que aproveitei foi ir a um bar com minha filha, que toca piano, para cantar uma música que sempre apreciei: "My Life", de Billy Joel. Naquele primeiro instante não queriam permitir a entrada dela, com apenas 9 anos de idade, mas ao conversar com o gerente ele entendeu qual era o objetivo. Enquanto ela tocava o piano, eu aproveitava para relatar que aquela era "minha vida", com intensidade, que eu estava bem e aproveitando cada instante de minha vida. A canção foi tão bem acolhida que acabamos tocando outras duas canções!

Por fim, precisamos aprender a aceitar as pessoas como elas são e não como desejamos que sejam. Reflita sobre as pessoas que você magoou: vá até elas, peça desculpas e lhes entregue uma flor e uma canção, além de um abraço fraterno. E considere também perdoar quem lhe causou rancor, porque estes são sentimentos que permanecem dentro de nós, trazendo apenas angústia e insatisfação. Procure fazer pelos outros o que eles fizeram de bom a você...

Um ponto de vista discordante não deve macular uma amizade. Uma amizade autêntica e despretensiosa supera tudo!

9

O lazer e as viagens

"UM HOMEM PRECISA VIAJAR.
POR SUA CONTA, NÃO POR MEIO DE HISTÓRIAS,
IMAGENS, LIVROS OU TV.
PRECISA VIAJAR POR SI, COM SEUS OLHOS E PÉS,
PARA ENTENDER O QUE É SEU."

(Amyr Klink)

Em virtude de priorizarmos o trabalho, poucos são os momentos de lazer. Aliás, temos o hábito de confundir um feriado prolongado com férias de verdade. Nestas ocasiões, quando optamos por uma breve viagem, acabamos enfrentando trânsito terrível para ir e voltar deixando de relaxar. Muitas são as pessoas que não conseguem tirar dez dias com a própria família para viajar, ainda que seja no entorno, em especial aqueles que estão em cargos executivos ou que são empreendedores.

Outro último impacto em nossas vidas foi dado pelo celular. Nós acreditávamos que a tecnologia nos traria mais conforto, mas o fato é que nos tornamos profissionais em tempo integral. Se antes, ao sair do trabalho, ao menos você tinha a liberdade para cuidar de seus assuntos pessoais, fosse ir a uma academia ou desfrutar de amigos e familiares, hoje estamos conectados permanentemente tendo que atender às mais diversas demandas e a qualquer instante.

Minha atual condição levou-me a buscar meios de fazer o que sempre quis, mas que estava sempre protelando.

Assim, passei a marcar encontros com alguns amigos, durante a semana mesmo, no final do dia, para conversarmos bebendo cerveja ou vinho, compartilhando e resgatando lembranças do passado.

Além de ir mais ao cinema, teatro e até museus que há tempos não visitava, retomei uma prática que estava sendo adiada. Às sextas-feiras, fazemos um "cinema em casa". Trata-se de escolher um filme para ser visto com os familiares, na companhia de nossa filha, normalmente uma comédia selecionada em algum canal aberto, pela internet ou através de serviço pago, regado a muita pipoca e seguido de um bom sorvete como sobremesa.

Também comecei a adotar várias iniciativas que estavam em minha agenda ou memória. Tomar banhos demorados, cantando debaixo do chuveiro com músicas que colocava para tocar. Ir a festas e baladas noturnas, para ouvir, cantar e dançar, aproveitando para convidar casais de amigos para estarem conosco. Assistir a shows de meus artistas favoritos ou bandas *covers*. E agendar a diversão do dia seguinte!

A propósito, fiz duas coisas que tinha certo receio e, por isso, havia protelado a vida inteira. A primeira foi aproveitar uma ida ao mar e fazer um breve curso para surfar. Não consegui com tanta brevidade ficar sobre a prancha em pé por muito tempo. Na verdade, a falta de prática me permitia apenas alguns segundos em pé, mas o melhor desta experiência não é quando você está enfrentando as ondas, mas sim quando ainda está deitado, caminhando em direção ao mar, pois aquela sensação de individualidade, de um momento único consigo mesmo que é difícil de explicar... É uma experiência singular que realmente recomendo.

A segunda providência foi muito mais ousada e algo que há anos eu pretendia fazer, mas que adiava permanentemente. O medo de saltar de paraquedas é algo que você só supera quando efetivamente pula da aeronave!

Optei por fazer um curso, ao invés de fazer um salto-duplo amparado pelo condutor. O procedimento envolve aulas e treinamento antes dos saltos. Paraquedas postado nas costas, capacete na cabeça, altímetro posicionado no peito ou no dorso da mão e óculos de proteção. Inicialmente, os primeiros saltos são muito rápidos, pois você pula de uma altura menor e o paraquedas é acionado automaticamente, segundos após sua queda. Gradualmente você vai evoluindo, elevando a altura e a autonomia. O que me chamava muito a atenção era o momento anterior ao salto. Inicialmente você adentra a aeronave, quase sempre um Cessna monomotor ou bimotor que percorrerá os céus por 40 minutos até atingir a altitude adequada. Sentado na carenagem do avião, você acompanha a evolução vagarosa do ponteiro no altímetro, aprecia a paisagem e pensa na vida...

Contudo, a maior tensão ocorre quando o piloto corta o motor da aeronave que passa apenas a planar. A porta é aberta, o vento invade com veemência seu interior e você se dirige ao estribo, de onde mergulhará para o nada, para a amplitude do horizonte, nadando através das nuvens, feito pássaro, entre *loopings* e giros, durante intermináveis 60 segundos. Depois, há o desafio de comandar a abertura do paraquedas, contemplar os arredores enquanto manobra, visualizar o alvo e aterrissar, sempre em segurança, desde que os devidos procedimentos sejam observados.

Fiz um total de 30 saltos, sendo que tive uma experiência de acionar o paraquedas reserva no sétimo salto, pois naquela ocasião tentei fazer um giro no ar e não consegui. Em função de ter ficado por algum tempo com a barriga para cima, o altímetro não registrou a perda de altura, de modo que quando me alinhei e resolvi acionar o paraquedas, o reserva também foi acionado junto! Por sorte, cada um foi para lados diferentes, então desconectei o principal e pousei com o reserva.

Uma experiência interessante ocorria durante a semana, quando eu eventualmente trafegava por alguma rodovia. Ao abrir a janela do carro e colocar o braço com a mão espalmada para fora, sentindo o vento, a adrenalina percorria novamente meu corpo, como se eu estivesse a 12 mil metros de altura. Esta experiência me ensinou que é necessário ter coragem para realizar escolhas, abdicar da estabilidade infeliz, combater a hesitação e negar o que não lhe convém. Você faz o que lhe dá medo e ganha coragem depois. Não antes.

Com relação a viagens, passamos a promover eventos quinzenais com esta finalidade. É importante salientar que tais passeios não necessitam ser para outros Estados ou países. Eu gostaria muito de conhecer outras localidades, pegar um navio, levando aqueles que amo juntos, mas o fato é que precisamos ter ponderação em relação aos gastos o que não significa que tais encontros não possam ser especiais. Podemos criar instantes únicos e agradáveis que ficarão arquivados na mente de todos.

Por exemplo, cheguei a alugar uma van ou micro-ônibus para ir à praia não apenas com os familiares, mas também com alguns amigos. Em uma destas viagens, tivemos o prazer de tomar banho em cachoeiras. Em outra ocasião, durante uma forte tempestade, apreciamos entrar embaixo da chuva, observando depois a beleza das estrelas e do luar. Mas a melhor experiência é caminhar à beira do mar desfrutando o sol. O mar, quando quebra na praia, é bonito. É bonito...

Algo que infelizmente gostaria de fazer, mas por precaução e para preservar as finanças não foi possível, seria levar minha família para passear na neve, pois certamente seria um presente fantástico para minha filha. Mas acredito que isso será realizado no futuro.

Por fim, lembre-se de visitar lugares que fizeram parte da sua infância e de sua história, resgatando memórias perdidas e lembranças esquecidas.

10

Os valores

"PROCURE SER UMA PESSOA DE VALOR,
EM VEZ DE PROCURAR SER UMA PESSOA DE
SUCESSO."

(Albert Einstein)

Valores são os princípios que guiam as decisões e balizam nosso comportamento. Desde muito cedo, por influência de nossos pais e familiares, estabelecemos um conjunto de valores. Contudo, as pessoas, o ambiente, as crenças e as circunstâncias agem no sentido de modificá-los.

Tenho compartilhado em encontros com estudantes do ensino médio a importância de compreender, identificar e estabelecer princípios essenciais que nortearão não apenas a carreira profissional, mas sim a vida de cada um deles.

Para encontrar seus valores, três questões básicas devem ser consideradas:

1. Identifique os princípios que governam sua vida
É uma tarefa demorada e que ordena alta concentração e reflexão. Verifique os valores mais recorrentes em seus

pensamentos e ações. O fundamental é que os aspectos selecionados representem o que você de fato é, e não o que gostaria que as pessoas pensassem a seu respeito. Assim, opte por valores inerentes ao seu caráter e não à sua reputação.

2. Coloque-os em ordem de prioridade
É provável que você selecione muitos aspectos. Após fazê-lo, selecione os cinco valores mais relevantes e procure ordená-los de acordo com o grau de importância relativa. É uma hora decisiva, pois exigirá que você faça opções. Assim, ficará evidenciado se os valores preponderantes são materiais ou emocionais, individuais ou coletivos.

3. Escreva um parágrafo para cada um dos valores escolhidos
É o momento de unir razão e emoção, cabeça e coração. Coloque no papel o porquê de suas opiniões, leia com atenção e reflita.

Ao final você terá escrito o que denomino "constituição pessoal". É sua carta de valores, pessoal e intransferível. Carregue consigo esta pequena lista, leia-a regularmente e tome suas opiniões com base nela. Uma atitude em desacordo com seus princípios deverá causar desconforto, até incômodo, ensejando uma mudança atitudinal ou uma revisão dos valores selecionados.

Além da ética, já mencionada anteriormente, outros dois valores procuro sempre salientar como essenciais – material que deixarei escrito para minha filha, pois por ser muito jovem, talvez não compreenderia tais conceitos. São eles a humildade e a empatia.

A humildade significa compreender que não sabemos tudo, que não somos donos da verdade, que temos muito a aprender, assim como temos também muito a ensinar. Representa o saber, a percepção clara e inequívoca de nossas próprias limitações, combatendo a prepotência e a arrogância. Muitas vezes este princípio é comprometido pela vaidade. E o poder e o dinheiro são matérias-primas absolutamente generosas para alimentá-la. Observe o que acontece com a maioria das pessoas que recebe uma promoção ou que são premiadas pelo cumprimento de metas, suplantando outros colegas de trabalho. Nestes casos, subir na hierarquia geralmente faz o poder subir à cabeça...

Já com os recursos as consequências são ainda piores, porque eles não mudam as pessoas, apenas as desmascaram. As conquistas materiais alteram sobremaneira o comportamento das pessoas. Mudam os hábitos, as companhias, a postura e a expressão no olhar.

Por onde a vaidade transita, a humildade, a modéstia e a serenidade se despedem. Perdemos nossa identidade, esquecemos propositadamente quem somos e de onde viemos. Por isso, cuide para que a arrogância não seja estampada em seu caminhar, que a presunção não fique registrada em suas palavras e, fundamentalmente, que a incoerência entre o que você pensa, diz e faz não se torne sua reputação e seu caráter.

Falando sobre empatia, eu acreditava que praticá-la significava "tratar o outro como eu gostaria de ser tratado". Mas não é assim que as coisas funcionam... Empatia significa tratar o outro como ele gostaria de ser tratado, como ele deseja ser tratado, como ele necessita ser tratado. Significa literalmente calçar-se com os calçados do outro, para sentir suas próprias restrições, adversidades e desafios.

Pense comigo. Se você está em uma posição de liderança em sua organização, olhe para seus subordinados e procure compreender as dificuldades que os acometem diariamente: questões de caráter operacional, limitações diversas, falta de autonomia para resolver problemas. Por outro lado, se você não está em um cargo de liderança, olhe para seu gestor e procure também reconhecer a responsabilidade que aquela posição demanda, com tomadas de decisões que poderão impactar a todos, de colaboradores a clientes.

Mas a prática da empatia evidentemente não se restringe ao ambiente corporativo. Assim, se você é um educador, como pode conduzir sua aula de modo a estimular os alunos, fazendo-os sentir-se engajados e determinados com o aprendizado, consciente de que a informação hoje está disponível em uma fração de segundos e a um clique em um computador ou celular? E você, enquanto estudante, percebe o desafio enfrentado por seu professor para conciliar conteúdo e forma de uma maneira instigante, capaz de ensinar e sensibilizar um grupo formado por várias pessoas com diferentes interesses e expectativas?

No ambiente familiar, como você tem lidado com a comunicação, seja entre pais e filhos, seja entre cônjuges? O valor está restrito aos seus princípios, às suas crenças e verdades ou você tem praticado o desapego, abrindo mão de suas convicções para compreender o porquê de determinados comportamentos e posturas daqueles que convivem com você diariamente?

Note que em todos os exemplos mencionados a empatia não é individual, mas mútua. Este é um exercício que precisa ser praticado continuamente.

Aprendi a lidar com a empatia, que mencionei anteriormente. Apenas para ilustrar, certa vez instituí o prêmio "Destaque do Mês", no qual todos poderiam participar, exceção feita aos profissionais em cargo de gerência, os quais ajudariam a selecionar o contemplado a cada ocasião.

Certo mês decidi premiar o vencedor com um forno de micro-ondas. Considerando-se que estávamos no ano 2000, se um presente como este nos dias atuais já seria interessante, imagine naquela época. E assim foi feito: o jovem premiado ganhou a honraria e seguiu supostamente feliz para sua casa.

Dois meses depois descobri que aquele garoto vivia em uma condição tão simples que em sua casa usavam um fogareiro de uma boca para cozinhar as refeições diárias. Portanto, reflita comigo: ele precisava de um micro-ondas ou de um fogão convencional de quatro bocas? Evidentemente, um fogão – cujo custo era possivelmente inferior naquela ocasião.

Após tomar conhecimento da real condição daquele jovem que trabalhava em minha empresa, optei por contratar uma assistente social com a missão de visitar a residência de cada colaborador para conhecer de perto a realidade de cada um. Afinal, para liderar e influenciar positivamente as pessoas não importa o que eu penso, nem o que eu imagino, mas sim quais são os fatos.

— 11 —

A solidariedade

*"QUANDO HÁ FRATERNIDADE, O AMOR É SERENO;
QUANDO HÁ SOLIDARIEDADE, O AMOR É ATIVO;
QUANDO HÁ CARIDADE, O AMOR É VIVO."*

(Juahrez Alves)

Algo que sempre me incomodou era o fato de não praticar ações sociais para ajudar a quem precisa. A justificativa não era a falta de consciência, mas sim a famosa falta de tempo...

Vivemos em um ambiente de grandes e crescentes desigualdades. Para exemplificar, a Forbes, revista de negócios norte-americana, publica anualmente uma lista avaliando o patrimônio dos bilionários em todo o mundo. Os três mais ricos ganham o equivalente a cerca de 2 bilhões de pessoas, e os dez mais ricos têm em torno da renda de 5 bilhões de pessoas no planeta!

Fiz uma análise a partir de 2009, ano seguinte à grande crise econômica. O crescimento médio do grupo dos dez foi de 11,4%, enquanto o PIB mundial evoluiu cerca de 3,3% ao ano. Ou seja, isso apenas comprova que a concentração de renda tem se ampliado.

Estes dados explicam o alerta da Oxfam International, entidade cujo foco primordial é o combate à pobreza. Atualmente, os recursos acumulados por 1% dos mais ricos equivale ao patrimônio dos outros 99%.

Mais um exemplo deste universo de desigualdades. O faturamento das dez maiores empresas do mundo é compatível ao PIB somado de todos os países da América Latina, excluindo o Brasil. Note: dez companhias correspondem a 19 países. Estes números só não são ainda mais expressivos porque cinco destas dez companhias são do setor energético, e o barril do petróleo, que já chegou a superar cem dólares no passado, está em um período de baixa.

O mais incrível é que temos a impressão da ocorrência, ao longo dos últimos anos, de ações amplas e efetivas no sentido de amenizar as diferenças socioeconômicas em virtude de organizações não governamentais, de campanhas de conscientização e da inclusão do tema em debates educacionais. Ledo engano... O egoísmo reina nos dias atuais.

Combater este autêntico abismo social seria tarefa de governo. A distribuição de renda passa não por políticas assistencialistas, mas sim baseada na educação e instrumentos justos de tributação.

Contudo, não podemos esperar por iniciativas públicas, mas sim procurar fazer individualmente a nossa parte, em busca de um país melhor. E isso não pode ficar restrito a meras doações financeiras, tal como fazem alguns ao aderir, por exemplo, ao "Criança Esperança", fazendo um breve telefonema e doando sua contribuição, praticando uma indulgência moral.

Não necessitamos esperar a chegada do próximo Natal para nos preocuparmos com a questão da fome. Não precisamos aguardar o advento do inverno para nos sensibilizarmos com o problema do frio. Atitudes admiráveis e honrosas estão ao nosso alcance aqui e agora.

Dentro deste contexto, minha primeira ação foi a doação. Muitos de nós temos enorme apego a bens materiais. Você abre seu guarda-roupas e encontra uma calça, uma blusa, um vestido, um sapato que não usa há anos. Mas, para se justificar, você argumenta que vai usá-lo na próxima semana, pois havia "esquecido daquele item". Sinceramente, o que lhe falta para separar tais objetos e entregá-los a quem necessita? Fiz isso também com minha filha, que mantinha brinquedos guardados que jamais usaria, não por afeição e estima, mas por afinco. Da mesma forma, reservei livros diversos que estavam plantados na minha estante, levando-os à biblioteca de uma instituição de ensino para serem aproveitados pelos estudantes.

A segunda decisão que adotei foi entregar uma hora por mês para uma escola pública, indo conversar com os alunos do ensino médio para ajudá-los a direcionar suas carreiras. Parece simples, mas acaba sendo diferenciado dentro da rotina de sala de aula. Uma oportunidade para estes jovens tecerem questionamentos a alguém externo, que eles não conhecem, mas que tem algo a acrescentar. Enfim, ser mais útil ao outro!

Por fim, decidi dar suporte àqueles que precisam de apoio e amparo. E isso pode ser feito de várias maneiras. Você pode optar por ajudar um orfanato, uma clínica com dependentes químicos, um asilo. Optei por atender um hospital que acolhe crianças com câncer, onde em uma ocasião atuei como palhaço semeando sorrisos, ainda que por alguns segundos. Ajudar as pessoas a compreenderem o sentido de "viver" e não apenas "existir". Imagine-se cantar para algum paciente em estado terminal, promover sorrisos, fazendo as pessoas se alegrarem ainda que seja por alguns instantes.

Falando sobre idosos, compartilho uma experiência que tive quando atuei como professor em cursos de pós-graduação. Na ocasião, busquei uma forma diferenciada de avaliação. A alternativa às tradicionais provas com testes e questões discursivas foi a realização de um trabalho coletivo, por meio do qual fosse possível aos alunos exercitar competências como comprometimento, determinação, criatividade, resiliência e liderança.

Logo no início do curso eu realizava uma pesquisa com os matriculados a fim de conhecer meus alunos, moldando e ajustando o conteúdo da disciplina. E a prática de ações de caráter social era rara, embora estivesse na agenda da maioria dos estudantes.

Assim, surgiu a ideia de transformar a atividade em grupo em uma ação comunitária, ampliando o conhecimento e gerando integração entre os próprios alunos – bem como entre a academia e a sociedade. As tarefas consistiam em selecionar instituições assistenciais, visitá-las, identificar suas necessidades, arrecadar doações e organizar um evento para entrega dos produtos coletados.

Uma de minhas últimas turmas escolheu atender um lar para idosos, onde pude vivenciar uma experiência marcante.

As atividades naquele dia encerraram-se após a realização de um animado bingo. Quando nos despedíamos dos velhinhos, uma senhora, assentada em sua cadeira de rodas, disse-me com voz cansada:

– Moço, leva eu...

A frase foi repetida um par de vezes. Até hoje me pergunto o que de fato ela pretendia dizer. Poderia significar o desejo de partida, a procura de um novo lar, a busca pelo reencontro do passado. Poderia simbolizar a exaustão ou até insignificância de sua relação com o companheiro atual, o distanciamento daquele ambiente já não mais tão acolhedor, o desejo de alargar suas fronteiras. Poderia ser tudo isso, um sussurro como grito mais alto de socorro, lágrima seca que não se vê ou percebe. Ou poderia ser nada, apenas algo dito repetidamente a todo e qualquer visitante inesperado.

Ao relatar este episódio, passei a questionar-me como reproduzir em poucas linhas a intensidade sobre a amplitude de minha inquietação. Escrever, por vezes, é missão árdua, porque as palavras podem parecer frias ou cálidas, tudo em razão de um verbo sem o movimento adequado, um adjetivo sem a plasticidade esperada, um advérbio sem a circunstância prevista.

Assim, pensei em reproduzir a frase finalizada por um ponto de interrogação. Contudo, aquela senhora nada me inquiriu. Passei ao ponto de exclamação. Lembrei-me de que ela não fora imperativa. Então, fiquei com as reticências, estes três pontinhos que parecem suplicar pela manutenção do pensamento, como que nos convidando a refletir, sonhar, duvidar, nunca concluir.

Aquela frase continua latente em minha memória, trazendo-me não apenas a recordação daquele instante, mas o alerta para digressões maiores sobre onde estou e para onde vou. Ou para onde me levo ou me deixo conduzir. Com reticências...

12

A espiritualidade

> "VOCÊ NÃO É UM SER HUMANO
> QUE ESTÁ TENDO UMA EXPERIÊNCIA ESPIRITUAL.
> VOCÊ É UM SER ESPIRITUAL
> QUE ESTÁ TENDO UMA EXPERIÊNCIA HUMANA."
>
> **(Nikos Kazantzakis)**

Este é um tema difícil de ser abordado, em especial porque a maioria das pessoas associa espiritualidade à religiosidade. Na verdade, não importa qual seja sua crença, ressaltando também que é complicado tratar deste assunto quando quem está do outro lado é ateu...

Mas quando ocorre algo como o que estou passando, uma grande reflexão se faz necessária para compreender o que está em curso.

Há quem não aceite os fatos. Há quem imagine que este tipo de ocorrência jamais lhe aconteceria. Há quem pense em se suicidar. Mas é inquestionável que não somos educados para a morte...

Fico feliz de ter superado rapidamente a fase depressiva, encontrando um direcionamento para meus próximos dias. E acredito que foi a espiritualidade quem me orientou, possibilitando-me trazer mais leveza no decorrer deste curto período.

Perder a vida é ruim para quem fica, que manterá consigo lembranças e recordações. Mais do que uma perda, é uma sensação permanente de saudades. Digo isso baseado na partida de meus pais, pois há situações pontuais em que resgato fotos e cartas escritas por eles que guardo até hoje e após lê-las é praticamente impossível as lágrimas não rolarem.

Será que você deve continuar a viver como vive atualmente? Já parou para revisitar a maneira como tem orientado sua trajetória? Quantos estão sempre "na correria", privilegiando a carreira e o dinheiro, colocando de lado aqueles que lhe são realmente importantes em busca de um "futuro melhor". Temos a ilusão de que o amanhã é eterno. Assim, deixamos de contemplar a vida, sentir emoções ou optamos por vivenciá-las adiante, quando houver mais tempo e após ter alcançado os objetivos definidos.

Há aqueles que alimentam discussões acaloradas, brigando por coisas fúteis que apenas geram discórdia e nem resultados práticos. Gente que se desprende da sua essência colocando o materialismo em primeiro lugar. É uma triste realidade imaginar que você tenha que passar pelo que estou vivenciando para rever suas prioridades!

Esta angústia existencial, a dúvida sobre se a vida vale a pena ser vivida, não se restringe ao âmbito profissional. Ela assume contornos maiores, manifestando-se num estado de tédio e apatia através dos quais a pessoa vai morrendo interiormente e lentamente.

A vida é feita de momentos, por isso precisamos sorrir mais, brincar mais, contar piadas, curtindo cada oportunidade como se fosse a última. O foco deve estar direcionado em coisas boas. Precisamos aprender a abrir mão de tudo que nos entristece. Viver o aqui e o agora. É impossível saber quando será nosso último segundo. Aí você pergunta: Por que já não faço agora o que deve ser feito? Afinal, não somos eternos.

Precisamos aprender a nos desapegar, ter mais tolerância, demonstrar o quanto somos capazes de acreditarmos em nosso próprio potencial oculto. Aprenda a ter uma alma leve.

A vida vai continuar sem nossa presença. A morte é uma passagem, mas a vida é eterna – nos reencontraremos no futuro. Não levaremos nada, apenas deixaremos lembranças. O amor não morre, apenas transcende. Seja luz e esperança àqueles que têm dúvidas sobre a própria vida. Tenha fé em seu Deus. Enquanto há vida, há esperança.

13

O tempo

"TODOS OS DIAS, QUANDO ACORDO,
NÃO TENHO MAIS O TEMPO QUE PASSOU."

(Renato Russo)

O tema administração do tempo tem apresentado crescente interesse no mundo pessoal e corporativo por dois aspectos em especial, porque a demanda por maior produtividade é a tônica do momento. A competitividade impõe a cada profissional a obrigação de produzir mais, com maior qualidade e menor custo, e as novas tecnologias, que imaginávamos nos legariam mais conforto e disponibilidade, tornaram-nos escravos cibernéticos conectados diuturnamente.

O desafio inclui desenvolver a capacidade de tomar decisões, negociar, priorizar, delegar e liderar, além de aprender a lidar com a pressão e gerenciar o estresse. Por isso, sob este ponto de vista, administrar o tempo é uma competência eminentemente técnica: você aprende, treina e executa.

Associe-se a isso seu ciclo circadiano (relógio biológico), a rotina (ou ausência dela) e a percepção pessoal de como o uso atual do tempo afeta sua vida, para chegar ao ponto crucial desta jornada: aplicando adequadamente as técnicas de gestão do tempo, quais serão as opções que você vai fazer com o tempo extra que será conquistado?

Refletindo sobre todas estas questões, decidi que a contribuição que eu poderia trazer a você são algumas dicas que intitulei como "regras de ouro". Vamos a elas.

1. Seja sempre pontual

Você é convidado a uma festa e decide que chegará com uma hora de atraso, talvez para não ser o primeiro a cumprimentar o anfitrião. Saiba que reuniões já são tradicionalmente iniciadas apenas após a "segunda convocação", realizada cerca de meia hora após o horário agendado.

Lembre-se de que autênticos líderes não deixam ninguém esperando para um compromisso agendado. Por isso, tenha sempre em mente que é preferível chegar com antecedência do que com minutos de atraso.

Agora, se a demora for inevitável, seja atencioso para comunicar às pessoas envolvidas. Envie uma mensagem de texto ou telefone, informando-as dos fatos. Peça desculpas, apresente uma previsão de seu horário de chegada e coloque-se à disposição para remarcar, se possível for. Feito isso, relaxe. Nada mais poderá ser feito para mitigar os infortúnios.

2. Espere 24 horas para reagir

Quando estamos exaltados, tornamo-nos passionais em essência, inclusive aqueles que se dizem movidos pela razão. Queremos resolver a eventual contenda de imediato e "não levar desafaro para casa", como se costuma dizer.

Por isso, procure não reagir antes de 24 horas. Há momentos em que a temperatura sobe. As razões do coração turvam-nos a lucidez e levam-nos a decisões das quais podemos nos arrepender na manhã seguinte. Porém, entre um dia e outro, com uma noite de descanso no meio, o que se mostrou um problema irresoluto surgirá não menor, mas com dimensões reduzidas à sua realidade.

Shakespeare dizia que: "O mal que os homens fazem vive depois deles, enquanto o bem é quase sempre enterrado com seus ossos". Costumo pontuar que é muito importante tomar cuidado com as palavras desferidas, em especial nos momentos de irritação. Quando você diz algo que desagrada a alguém, pouca valia haverá em se desculpar *a posteriori*. Porque não importa o que você disse, mas o que ficou depois do que você disse. E o que fica instala-se no peito, dentro do coração, tomando-o por sua morada e de lá não sai mais.

3. Ninguém está contra você

A vida tem educado nossos olhos a enxergarem a relatividade inerente a fatos e argumentos, bem como meus ouvidos a perceberem a relevância de opiniões contrárias às minhas. Esta flexibilidade, que não significa abrir mão de princípios, mas tão somente não ter compromisso com o erro, é um grande estímulo ao exercício da humildade e, por conseguinte, um antídoto contra a presunção, a prepotência e a arrogância.

E por compreender que a natureza humana é legitimamente individualista e egoísta, aprendemos que raramente as pessoas estão contra nós, pois estão apenas a favor delas próprias. Esta percepção é suficiente para evitar conflitos desnecessários e eleger as batalhas que valem a pena ser travadas.

4. Exceção não é regra

Na busca pelo equilíbrio entre vida pessoal e profissional, não podemos ser ingênuos. Há momentos em que precisamos nos doar com tenacidade para alcançar objetivos, cumprir prazos e atingir metas. Isso pode significar refeições feitas em fast food ou em frente ao computador, noites em claro ou maldormidas, dias sem comparecer à academia, certa desatenção para com os familiares.

Tudo isso, embora indesejável e não recomendável, pode trazer tolerância quando acontece algo de maneira pontual. Mas é inadmissível que se torne regra, práticas constantes que conduzam a uma rotina tóxica.

5. Administre a transição do ambiente profissional para o familiar

Robert Cooper, especialista em inteligência emocional, dizia que a neurociência da liderança está associada ao "caia fora de seu próprio caminho". Segundo seus estudos, está comprovado que situações de conflitos começam ou se intensificam nos primeiros minutos após o regresso ao lar.

Assim, ao chegar em casa, estabeleça uma zona intermediária de até 15 minutos, período no qual deverá apenas cumprimentar carinhosamente seus familiares com no máximo 25 palavras. Procure desacelerar. Tome um banho, troque suas roupas, beba algo. O diálogo que seguirá será mais ameno, gentil e profícuo.

6. Gerencie a concentração, não apenas o tempo

Algumas provocações para sua reflexão.

Em suas reuniões regulares, como você poderia reduzir em 50% ou mais o tempo gasto, mantendo ou melhorando os resultados?

Suas reuniões são agendadas para o início do expediente ou após o almoço prolongando-se por todo aquele meio turno de trabalho? O que aconteceria se você iniciasse os encontros às 11 horas ou 17 horas?

Quanto tempo você desperdiça diariamente em decorrência de interrupções, distrações, desorganização ou falta de planejamento?

Estabeleça uma hora por dia sem interrupções para você e neste intervalo concentre-se em três objetivos específicos, reservando 20 minutos para cada um deles.

A propósito, faça as tarefas mais desagradáveis logo no início do dia, quando sua energia, concentração e disposição são superiores. Até porque nós sempre encontramos tempo para fazer aquilo que gostamos.

Por fim, um feedback é importante, mas ele atua sobre um evento passado, aprisionando o cérebro e colocando-o na defensiva. Trabalhe um impulso emocional positivo para influenciar e mudar de agora em diante.

7. Evite o duplo manuseio

Sabe quando você recebe as correspondências do dia, faz uma triagem, inicia a leitura de uma carta e decide interrompê-la para continuar depois em virtude de sua importância? Ou quando você recebe um e-mail e começa a respondê-lo, mas opta por transferir a mensagem para uma caixa de pendências, a fim de tratar do assunto apenas depois, porque o tema exige sua atenção?

Pois bem, a cada vez que você novamente pega aquela carta em mãos ou retoma a redação daquele e-mail, sem concluir a tarefa, está praticando um duplo-manuseio, ou seja, perdendo um tempo precioso, o que pode convidar à angústia. A regra é começar e terminar!

8. Administre a energia, não o esforço

Faça pausas estratégicas de apenas 30 a 60 segundos a cada uma hora, e pausas essenciais de dois a cinco minutos no meio da manhã e à tarde para aumentar sua energia e concentração.

Você pode fazê-lo realinhando sua postura, respirando profundamente, bebendo água gelada, movimentando-se em direção a luz do dia, entrando em contato com paisagens naturais, situações bem-humoradas e expondo-se a mudanças visuais ou mentais. Estas ações podem garantir um incremento de até 50% no seu nível de energia, elevando a produtividade em pelo menos até 10%. Seja rápido sem se apressar. Mantenha a flexibilidade.

9. Não espere pelo mundo perfeito

Sabe quando você perde um prazo ou uma grande oportunidade porque ficou tão envolvido em realizar um projeto irrepreensível, que o desejo de fazer o ótimo dilacerou a possibilidade de fazer o bom? No final das contas, nada foi concretizado, o que significa um resultado péssimo...

Convido você a fazer igual analogia com outros sonhos que já visitaram suas noites em vigília. Livros que não foram escritos, músicas que não foram compostas, poesias que não foram declamadas. Uma intervenção necessária durante uma reunião que foi contida por falta de ousadia. Uma declaração de amor reprimida porque você ainda não se sentia preparado.

Temos o mau hábito de esperar pelo mundo perfeito para tomar decisões. Enquanto buscamos e ansiamos por este mundo idealizado, outras pessoas fazem o que é possível, com os recursos de que dispõem, dentro do tempo que lhes é concedido. E não raro acabam sendo bem-sucedidas. Então, ao observarmos o conteúdo de suas produções, colocamo-nos imediatamente a criticá-las, certos de que poderíamos ter alcançado um resultado muito mais satisfatório. Nós pensamos; elas agiram.

Observe como muito pode ser feito usando pouco tempo e muita simplicidade. Muitas vezes basta um telefonema de alguns minutos para dirimir uma dúvida, prestar um esclarecimento, obter uma dilação de prazo. De igual maneira, um e-mail redigido em uma fração de segundos pode aquietar o espírito de seu interlocutor e sepultar o risco de um desentendimento. Agradecimentos, por sua vez, devem ser prestados o quanto antes, ou tornam-se inócuos e desprovidos de sensibilidade.

Um livro pode ser escrito de uma só sentada ou capítulo a capítulo, dia após dia. Uma música pode ser composta num guardanapo de papel na mesa de um bar ou nas bordas de uma folha de jornal que repousa em seu colo dentro de um ônibus. Um poema pode ser oferecido em meio a um jantar ou dentro de um elevador que se desloca do terceiro piso para o subsolo.

O tempo certo para agir é agora. Não de qualquer jeito, não com mediocridade, mas com o máximo empenho possível. Amanhã, como diriam os espanhóis, é sempre o dia mais ocupado da semana.

10. Ouça sua intuição

A intuição é um processo inconsciente, uma resposta que precede a própria pergunta, referendando a origem latina da palavra que remete a "imagem refletida no espelho".

Sexto sentido ou não, aprendemos a respeitar a intuição por orientação de nossas mães, que sempre nos recomendaram a ficarmos atentos aos "sinais" por mais sutis que fossem. Isso não significa necessariamente seguir à risca a intuição para tomar decisões, porém jamais ignorá-la.

Não se esqueça de olhar para trás, não com o intuito de contemplar de forma melancólica o passado, mas sim de observar o quanto do caminho já percorreu, enaltecendo suas vitórias, saboreando os frutos de sua evolução, aprendendo a deixar para trás tudo o que não precisa. Ouça sua intuição e siga as batidas de seu coração!

11. Coloque VOCÊ em sua agenda

Nossas agendas, sejam de papel ou eletrônicas, regem nosso cotidiano, impondo-nos o que faremos, aonde iremos, com quem nos relacionaremos. E, curiosamente, nosso próprio nome não é contemplado nesse planejamento.

Por isso, nada de ter seu nome apenas na primeira página da agenda com sua identificação para que ela seja devolvida em caso de perda. Vou fazer-lhe um convite bastante simples. Gostaria que você determinasse um dia por semana, e apenas uma hora nesse dia, que será reservada a você e mais ninguém. Pode ser a primeira hora da segunda-feira, a última da sexta-feira ou outro momento qualquer. O importante é que nesse momento você se concentre naquilo que é mais relevante para seus interesses pessoais. Desligue telefones, feche a porta da sala, não receba ninguém – apenas a si próprio.

Dê atenção e oportunidade à pessoa mais importante de sua vida: você mesmo!

12. Tenha uma agenda de 10 segundos

Do momento em que você desperta e se prepara para seguir ao trabalho até seu retorno ao lar, grande parte de seu dia transcorrerá de maneira mecânica, automática, rotineira.

O prazer e a alegria são raros e voláteis. Somos completamente infelizes em nossa infelicidade e brevemente felizes em nossa felicidade. Estamos sempre aguardando o dia seguinte, quando tudo o que era para ter sido e que não foi supostamente acontecerá.

Por isso, inventei para mim uma nova agenda que gostaria de dividir com você. Ela não se compra em papelaria, porque nela não se escreve. Não está disponível em versão eletrônica, porque nela não se digita. Seu custo é nulo, pois não demanda investimento, não exige que se tenha uma caneta, nem sequer alfabetização. É uma agenda mental – uma "agenda de 10 segundos".

A cada amanhecer, tenho a certeza de que aquele é o momento a ser vivido. Em que pesem todos os planos, com os pés firmes no chão e os olhos no firmamento, a vida está acontecendo aqui e agora. Por isso, minha agenda deve contemplar somente os próximos dez segundos, talvez breves, talvez distantes, talvez inatingíveis dez segundos.

Essa consciência tem me permitido agradecer a cada despertar em vez de hesitar em levantar-me. Tem me sugerido dar passagem a alguém no trânsito ao invés de brigar por insignificantes alguns breves segundos. Tem me lembrado de dizer "bom dia" àqueles que me cercam. Tem me incitado a procurar novos restaurantes e novos sabores durante o almoço. Tem me proporcionado o poder de resignação e de resiliência diante das inúmeras adversidades que se sucedem. Nem sempre tem sido assim, mas assim tem sido sempre que possível.

Fundamentalmente, a "agenda de 10 segundos" tem me ensinado a elogiar, a perdoar, a desculpar, a sorrir e a amar no momento em que as coisas são vivenciadas. E isso possibilita amizades fortuitas que se tornam perenes, negócios de ocasião que se tornam recorrentes e paixões de uma única noite que se tornam amores de toda uma vida.

13. Faça de seu trabalho um meio de diversão

Trata-se de um aviso essencial àquelas pessoas que, ao entardecer do domingo, têm uma sensação de angústia diante de mais um início de semana que se avizinha.

Compromissos inadiáveis, reuniões intermináveis, trânsito insuportável. Refeições em fast food, decisões fast track, relacionamentos fast love. Cotidiano que sufoca, reprime, deprime.

É evidente que precisamos ser práticos, pois sempre há contas a pagar, compromissos a cumprir. Entretanto, procure cultivar um trabalho digno e prazeroso, que seja fonte de alegria e não de infelicidade.

14. Evite as saudades vazias

Imagine-se dentro de alguns anos, com idade já avançada, em um final de uma tarde ensolarada de domingo, recostado em uma cadeira de balanço na varanda de sua propriedade observando seus netos brincando alegremente ao fundo.

Diante deste quadro, imagens resolvem visitar suas lembranças, aparentemente quase petrificadas em sua retina. Dentre as recordações, subitamente você sente com tristeza a ausência de alguns eventos. Os lugares que não visitou, as viagens que não fez, os pratos que não provou, os abraços que não acolheu, os beijos que não deu ou recebeu.

Estas são as saudades vazias, lembranças imaginárias do que poderia ter sido, mas não foi. Para evitá-las, prefira pecar por excesso do que por omissão.

15. Aproveite o momento!

Por fim, viva sua vida de forma extraordinária, com intensidade. Não se trata de aproveitar o dia como se fosse o último e, desta forma, fazê-lo de maneira irresponsável, mas de elevar a qualidade de cada momento, proporcionando a si e oferecendo aos demais o que você tem de melhor.

Como você tem tratado, por exemplo, a opção de postergar, deixando para depois o que pode ser resolvido neste momento? Não deixe tudo para a última hora. Precisamos refletir: pensar no hoje, pois o amanhã pode não existir.

Tenha também em mente que sucesso e felicidade são transitórios. Afinal, se você fosse feliz o tempo todo, não seria feliz em tempo algum...

14

O legado

"NÃO IMPORTA O QUE NÓS AINDA TEMOS A
ESPERAR DA VIDA,
MAS SIM O QUE A VIDA ESPERA DE NÓS."
(Viktor Frankl)

É evidente que um legado não se constrói em seis meses, pois este é o resultado pela maneira como você conduz toda a sua vida no decorrer de sua trajetória.

Por este motivo, sempre procurei cultivar a diferença na vida das pessoas, fossem conhecidos ou não. É certo que minha maior responsabilidade será em relação à minha filha, mas podemos e devemos ir além, deixando exemplos positivos para as futuras gerações, não com o intuito de "entrar para a história", mas sim de deixar algo bom para quem fica.

Tenho acompanhado com apreensão, tanto no meio profissional quanto nas ocasiões em que atuei como educador, pessoas manifestando suas insatisfações para com a vida. São sentimentos diversos que transitam da frustração por conquistas não alcançadas, passando pela desmotivação decorrente da falta de reconhecimento, até a mera desilusão diante da falta de perspectivas.

Viktor Frankl, fundador da logoterapia, dizia que a busca do indivíduo por um sentido na vida é a força motivadora primária e está diretamente associada a encontrar um propósito de vida. As emoções são como algo em estado gasoso. Tal como um gás preenche de forma uniforme e integral todo um espaço vazio, assim a tristeza, a solidão, a angústia e o sofrimento ocupam toda a alma humana. Por sorte, analogamente, o mesmo se aplica à menor das alegrias.

Por isso, é essencial que cada pessoa identifique sua missão (do latim *missio*, o enviado) e ouça sua vocação (do latim *vocatio*, o chamado) nesta busca por propósito, a qual pode ocorrer a partir de três caminhos básicos:

a) Pela necessidade de se concluir um trabalho, qualquer que seja seu legado, à humanidade ou que depende exclusivamente de seu próprio protagonista; descubra o que lhe agrada e o que lhe faz feliz, pois estes são os grandes indicadores para você alcançar o sucesso profissional; e lembre-se sempre que o sucesso é consequência;

b) Pelo sofrimento, tal qual o experienciado pelos prisioneiros nos campos de concentração ou por alguém que luta contra uma doença incurável, como estou vivenciando;

c) Pelo amor, o bem último e supremo que pode ser alcançado pela existência humana – e não necessariamente o amor físico, mas o amor espiritual, até mesmo inanimado.

A missão é a sua razão de existir. Para identificá-la, questione-se:

a) O que está incompleto em sua vida? Procure entender o que falta para sentir-se realizado em termos profissionais e pessoais;

b) O que gostaria de aprender? A resposta indicará suas paixões e poderá revelar talentos latentes que tenha negligenciado no decorrer dos anos, seja pela rotina imposta pelo cotidiano, seja pelo medo autoimposto;

c) O que faria se ganhasse um grande prêmio em uma loteria? A princípio você poderia definir como objetivo viajar pelos mais diversos países. Mas, após várias viagens com o tempo passando, será que isso ainda lhe fará feliz?

Após todos estes questionamentos, analise suas respostas. Elas indicarão a contribuição que deixará para o mundo e através da qual poderá eternizar seu nome e seus feitos.

Avalie também sua visão, a explicitação do que você espera e acredita para o seu futuro. É uma imagem mental poderosa que tem a propriedade de materializar sonhos. Para construir uma visão de futuro:

a) Imagine-se daqui a alguns anos. Onde você estará em um, cinco, dez e 25 anos? O que estará fazendo? Quais terão sido suas realizações? Quem terá conhecido? O que terá aprendido?

b) Adote um "diário do futuro". Há quem ainda escreva registros pessoais e muitas vezes secretos sobre seus comportamentos, pensamentos e ações. Faça seus relatos não sobre o passado, mas sobre o futuro que imaginou conforme sugestão anterior. Seja detalhista, entusiasmado e profético ao discorrer suas palavras.

c) Projete o filme da sua vida. Reúna suas experiências passadas e sua visão de futuro, ambas ilustradas pelos seus diários para imaginar sua história, uma película extraordinária na qual você figurará como diretor e protagonista de sua própria história.

Verifique se de alguma forma você deixou promessas que não foram cumpridas. Se forem situações impossíveis, descarte de sua trajetória. Se as promessas foram para terceiros, comunique o porquê de não executá-las.

Trabalhe para tentar diminuir mágoas e danos, frutos de incompreensão e até ignorância, aceitando as pessoas como elas são. Crie o hábito de evitar protelar decisões, fazendo hoje o que diz ser feito, realizando seus sonhos. Demonstre o quanto somos capazes de acreditar em nosso potencial oculto, construindo a felicidade.

Ao vislumbrar seu futuro, lembre-se de desenhá-lo com cores alegres, vibrantes e positivas. Tudo o que fazemos com atenção e carinho, deixa uma marca, uma lição, um legado.

15

O amor

> "AMAMOS QUEM ESTÁ CONOSCO
> NÃO POR QUEM A PESSOA É,
> MAS POR QUEM NOS TORNAMOS
> NA PRESENÇA DELA."
> **(Gabriel García Márquez)**

O amor está no olhar. Há um brilho especial e único, facilmente reconhecido por qualquer pessoa que esteja no entorno a observar. São os mesmos olhos a marejar em situações de tristeza ou alegria extrema, e que também se comprimem pelo ódio em situações de decepção. São os olhos que admiram e contemplam fotos do passado, responsáveis por registrar momentos únicos eternizados na memória e no coração.

O amor está nos ouvidos. Na capacidade de escutar, e não apenas de ouvir. O silêncio como respeito e não por indiferença. Isso envolve empatia, declinando de convicções pessoais e, por vezes, renunciando em favor do outro. É compreender e entender, aprendendo a perdoar até o que racionalmente seria inadmissível. Ouvidos que estimam a voz, a melodia das palavras, uma música em comum que resgata ocasiões especiais. Apreciar uma história como quem ouve um pequeno conto infantil ditado pelos pais ao lado da cama.

O amor está no olfato. No prazer de sentir a fragrância da pessoa amada, não necessariamente perfumada por alguma essência industrializada. No aroma que emana da cozinha enquanto um prato tão simples quanto especial é preparado com carinho e esmero.

O amor está no paladar. No sabor e prazer de um beijo que acelera o pulso e que idealmente não deveria ter fim. Está na satisfação de compartilhar uma refeição, não pelo alimento em si, mas pela companhia.

O amor está no toque. No carinho de um abraço fraterno que ilustra uma amizade autêntica, por vezes cultivada há anos e que se manifesta em um encontro eventual cuja intensidade remete à primeira vez. Em relações harmoniosas marcadas por bocas que se encontram, braços que se enlaçam, corpos que se aquecem.

Amar é tolerância e concessão. Não é receber, é dar, desejando o bem ao outro. É superar adversidades. É viver com intensidade e saber lidar com a dor, o sofrimento e a frustração. É ser melhor com o outro, ao lado do outro.

O amor se aprende: quanto mais se conhece, mais se ama. O amor se desenvolve: quanto mais se desfruta, mais cresce. O amor se vive: com acolhimento, carinho e generosidade.

Por isso, cuide bem de quem você ama!

16

A despedida

"POIS O QUE SÃO OS CLÁSSICOS SENÃO O REGISTRO DOS MAIS NOBRES PENSAMENTOS DO HOMEM?"
(Henry Thoreau)

Uma decisão que tomei foi deixar registrado para o futuro, em especial para meus familiares, alguns materiais que eles poderiam acessar posteriormente.

Uma primeira providência foi escrever cartas pessoais, e neste caso também para alguns amigos, relatando a importância individual de cada um, resgatando algumas passagens como forma de lembrança. Apenas para ilustrar, um amigo muito querido, Carlos Pocinho, a ponto de nos tratarmos como irmãos, fez o famoso curso Empretec, promovido pelo Sebrae, em 1999. Já tínhamos relacionamento anterior, mas durante aqueles nove dias que interagimos no curso, trocando ideias, participando de dinâmicas entre outras ações, nos aproximou ainda mais. Tenho fotos da época que incluirei junto à carta e vou deixar este material para ser entregue no dia da minha despedida para aqueles com quem tenho uma relação mais próxima.

A segunda iniciativa foi aproveitar os encontros para registrar em fotos e vídeos com a alegria daqueles momentos para serem revistos posteriormente por minha família e amigos. Isso foi feito tanto naqueles encontros com colegas no final de dia quanto em viagens e passeios.

Uma outra ação, que eu já fazia antes, era escrever cartas para minha filha em cada um de seus aniversários. O detalhe é que ao fazer isso, eu não entregava as cartas a ela. Eram textos com apenas uma folha frente e verso, na qual eu relatava o que havíamos passado durante aquele último ano. Após redigir, eu a colocava dentro de um envelope e o lacrava, para que nem mesmo eu pudesse reler. Na capa, apenas escrevia o ano e arquivava isso em um local secreto para lhe entregar apenas quando ela fizesse 18 anos. Imagine o quanto será interessante e surpreendente ler, ano a ano, a história de sua própria vida, no decorrer de tantos anos em uma época de adolescência, já tendo possivelmente ingressado na faculdade, namorando e com outras prioridades?

Deixei registrado em cartas para pessoas muitos especiais que conviveram comigo ao longo dos anos para serem entregues a estas pessoas em meu velório.

Também decidi gravar vídeos para a despedida, em que fosse possível registrar passagens em suas mentes e em seus corações com boas lembranças minhas.

Contratei antecipadamente uma banda de rock para cantar durante minha despedida. Enquanto a banda toca, deixei registros diversos, com muitos amigos e familiares, para que isso pudesse ser transmitido em uma tela de televisão.

Resolvi salvar pen-drives com músicas diversas para serem entregues a todos os que estavam presentes.

Finalmente, tomei a decisão de escrever este livro registrando no texto meus erros e acertos no decorrer de minha trajetória, sugerindo aos leitores rever suas prioridades, avaliar o que realmente é importante e desfrutar com intensidade da companhia da família e dos principais amigos.

Errei, acertei, aprendi, falhei. Enfim, fui humano. Não levamos nada, apenas deixamos lembranças. Tudo o que fazemos com atenção e carinho, deixa uma marca.

17

As reflexões que deixei

"O PASSADO É LIÇÃO PARA REFLETIR,
NÃO PARA REPETIR."
(Mário de Andrade)

Penso que todo este processo que vivi me tornou uma pessoa melhor. Passei a não potencializar problemas, mas buscar soluções e diálogos. É lamentável não ter feito isso antes...

Passei a entender que a felicidade não depende de dinheiro, profissão, posição social ou outras pessoas. A alegria tem que ser construída, dia a dia. Precisamos aprender a estimular este sentimento junto a filhos, familiares e amigos. Nossa vida é feita de escolhas diárias pelas quais passamos e muitas vezes valorizamos o "Ter" e não o "Ser", o "Existir" e não o "Viver".

Como você tem cuidado de sua saúde? Tem passado por exames ao menos uma vez por ano para verificar se há alguma ocorrência? Temos o mal hábito de protelar as decisões, achando que tudo está bem, que nada acontecerá. Nossa essência começa pela saúde, pois nada adiantará você ter uma ótima profissão, uma família atenciosa, amigos fraternos, recursos abundantes, educação, espiritualidade, se estiver preso num hospital.

Precisamos aprender a nos desapegar do orgulho, um mal que nos torna arrogantes e prepotentes. A vida muitas vezes não é fácil. Passamos por discussões, intrigas, conflitos diversos nos mais variados âmbitos. Mas precisamos aprender a valorizar a vida e a alegria. Perder o medo que nos limita, o receio do novo, do desconhecido, do improvável, do imprevisto. Experimentar coisas, lugares, pessoas diferentes. A coisa mais importante é saber o que é importante.

Demita de sua vida quem e o que não lhe faz bem. Pode ser um cliente chato ou um fornecedor desatencioso; um amigo supostamente leal, porém, na verdade, um interesseiro contumaz; ou um amor não correspondido.

Arrume uma forma de apresentar para as pessoas o real valor da vida. É preciso viver no "aqui e agora", porque é apenas assim que temos controle das decisões.

Faça o seu melhor hoje. O não todos nós temos! Por isso, busque sempre realizar todos os seus sonhos, tanto para você quanto aos demais. Acredite em viver sem culpa, realizando o que deveria e poderia.

Uma coisa que infelizmente nós fazemos é dar valor à vida assim que sabemos que iremos perdê-la. Por isso, viva de maneira positiva, abolindo os discursos de vítima e de insatisfação.

Sonhar é bom e melhor ainda é buscar a realização dos desejos. Mas é essencial ter foco naquilo que se faz. Muitos alvos confundem um arqueiro. Por isso, aprenda a renunciar. E para ampliar seus horizontes, aprenda também a delegar. Para isso, você precisa de pessoas em quem possa confiar.

Reflita sobre algumas situações ocorridas. Lembre-se de Ayrton Senna, que faleceu aos 34 anos, num acidente, quando ainda tinha muitas contribuições para dar tanto do ponto de vista pessoal, quanto societário. Lembre-se de John Lennon, morto com cinco tiros aos

40 anos por um louco e imagine o quanto ele ainda nos entregaria em termos de músicas e canções. E vou colocar como exemplo meu amigo Marcos Rossi, que nasceu sem braços e sem pernas, mas é uma enorme referência para cada um de nós, pois independentemente disso, é um palestrante sensacional, compartilhando em suas apresentações a luta de sua própria vida, inspirando-nos a enfrentar as adversidades.

Aprendi que morrer, ao final, não me assusta. Uma vida sem sentido, sim.

18

Como surgiu este livro

"OS LIVROS SÓ MUDAM AS PESSOAS."
(Mario Quintana)

No início de 2016, fiz a releitura do livro "A Lição Final", do autor Randy Pausch. Em agosto de 2006 ele descobriu que tinha câncer pancreático e um ano depois ele descobriu metástase em outros órgãos. Ainda assim, ele conseguiu prolongar sua vida por quase dois anos, falecendo em 25/07/2008. O livro acima é uma reflexão sobre como realizar seus sonhos de infância, deixando legado para os três filhos que tinha. A partir daí decidi construir esta obra levando as pessoas a uma reflexão sobre como têm conduzido suas próprias vidas.

O início do livro, no qual há um relato sobre a dificuldade de embrear o carro, foi uma situação vivenciada por meu pai. Na verdade, todo o relato do câncer nos pulmões e metástase cerebral foi o que lhe ocorreu. Ele faleceu dois dias antes de minha filha nascer... A propósito, seus últimos ensinamentos foram legados à neta que não pôde conhecer. Assim, quando já debilitado fisicamente ele não conseguia caminhar com suas próprias pernas, e eu tinha que ampará-lo, era como se prenunciasse os dias futuros em que ensinaria minha filha a caminhar. Também tive que ajudá-lo a tomar banho, vestir-se e se alimentar, tal como faria dias depois com uma recém-nascida. Portanto, vejam que nada acontece por acaso.

Em 2017 comecei a ter uma tosse que me incomodava. Fui ao hospital e me passarem uma medicação. Quinze dias depois, não houve qualquer resultado, então, fui a outro hospital onde receitaram nova medicação, sem resultados.

Passados dois meses acabei indo num otorrinolaringologista. Ao fazer a análise, quando abri minha boca, ele disse: "Você está com refluxo gástrico. Isso está evidenciado pelo fato de sua língua estar branca". Na ocasião, comentei ao médico que não sentia nada compatível com essa doença digestiva, mas ele explicou que não necessariamente eu tinha que sentir algo. A partir daí, passei um ano e três meses tratando o referido refluxo. Passei por seis especialistas diferentes, fiz diversos exames (três endoscopias, entre outros vários exames) e em nenhum momento falarem que era caso para cirurgia.

Quando foi em setembro de 2017 comecei a sentir uma pulsação nos braços. Esperei durante uns dois meses para ver se isso revertia, mas o problema estava se intensificando. Então, agendei uma consulta com um neurologista. Ao chegar lá, ele disse que eu precisava retomar atividade física, fazer musculação, caminhar. Mas achei um despropósito ele não atentar para o problema nos braços. Então, procurei outro neurologista que passou exames. Ao fazê-los, foi identificado um problema chamado "neurônio-motor". A partir daí, fui em outra neurologista especialista neste problema, mas em nenhum momento foi passado qualquer tratamento ou orientação. Assim, eu achava que o problema era apenas a pulsação nos braços...

Minha voz estava fraca, mas com o uso de um microfone, era possível realizar as palestras. Até o momento em que, em junho de

2018, comecei a sentir uma disfonia. Então, agendei uma consulta com outro otorrino e ao começar a conversar com ele, mesmo sem entregar os exames, ele imediatamente disse: "Você deve estar com um problema neurológico".

A partir daí foi agendada nova consulta com outro neurologista que identificou o problema chamado "ELA – esclerose lateral amiotrófica". Se você não conhece esta doença, foi o problema enfrentado por Stephen Hawking, que descobriu a doença quando tinha apenas 21 anos de idade.

Ao longo deste período, em especial de maio a agosto de 2018, o impacto foi muito grande. Perdi 12 quilos, o braço direito perdeu a força a ponto de eu não conseguir abrir uma garrafa de suco, passei a ter tosse constante além de câimbras as mais diversas, em especial nas pernas. Estou fazendo tratamento com neurologista, fisioterapia, fono, nutricionista, principalmente pelo apoio de minhas irmãs.

É exatamente por isso que faço questão de ressaltar a importância de cuidarmos de nossa saúde, pois ainda assim, problemas como estes podem surgir de forma inesperada.

Em 2003, quando fechei a empresa – relato informado anteriormente – criei o conceito de "Sete Vidas", no qual falo sobre: saúde e esporte, família e afetividade, carreira e vocação, cultura e lazer, sociabilidade e comunidade, bens e finanças, mente e espírito. De todos estes procedimentos, o ponto essencial é a saúde, mas temos o grande desafio de conciliar todas estas nossas sete vidas, muitas vezes abdicando de alguns procedimentos para conseguirmos buscar este equilíbrio.

Diante de tudo o que você leu ao longo deste breve livro, provoco-lhe um questionamento final:

O que você vai fazer de agora em diante?

19

Agradecimentos

Quero neste momento fazer uma homenagem a algumas pessoas muito importantes em minha vida. A intenção não é abordar vários familiares e amigos apenas para agradá-los, mas com sinceridade ser muito objetivo mencionando aqueles que estiveram ao meu lado em ocasiões difíceis recentemente, amparando-me com muito amor.

Primeiro, minha filha Liz, que vai completar 10 anos de idade em 23/11/2019 e que representa meu maior legado. Tenho dois outros filhos, Gabriel (com 23 anos) e Matheus (com 21 anos), que apesar de não nos encontrarmos com frequência, tenho um carinho enorme por eles. Porém, a conexão que tenho com Liz é fantástica, uma sintonia plena. Frequentemente eu a coloco para dormir, quando conversamos e brincamos juntos, em situações muitos especiais que serão lembradas quando eu já for um idoso e ela uma mulher casada e com filhos. Uma de minhas maiores alegrias é despertá-la pela manhã, com beijos e abraços, levando-a para a sala de estar no colo (nós chamamos de "colico"). Ela é um grande orgulho: faz artes quase todos os dias, toca piano, joga xadrez, entre tantas outras atividades. Um exemplo do quanto ela me inspira é que durante a redação desta obra eu coloquei ao lado do computador uma foto dela para visualizar a cada instante.

Segundo, minha irmã Sônia, que é um exemplo de como a distância física não é suficiente para afastar quem se ama e se admira. Médica, durante muitos anos vivendo em Boa Vista/RR, atualmente morando em Toledo/PR. Mesmo estando tão distantes, sempre dialogamos muito, um apoiando e auxiliando o outro sempre que necessário e nos mais diversos assuntos. E para redigir este livro fiquei por 14 dias isolado num apartamento dela em Ribeirão Preto/SP, ocasião na qual o livro avançou muito. Deixo também meu carinho e gratidão às minhas outras irmãs, Sandra, Andrea e Andressa, em especial pelo apoio concedido durante a fase de minha doença.

Aproveito neste momento para enaltecer uma nova família que tenho me apoiado, em especial após o falecimento de meus pais, representada por minha esposa Renata, seus pais Januncio e Marcélia, e seus irmãos, Ívia e Netinho.

Terceiro, meu amigo Eduardo Moretti, que embora seja um advogado extraordinário, além de educador, tem dentro de si uma espiritualidade incrível, capaz de influenciar positivamente quem está em seu entorno com poucas palavras. Nos conhecemos há muitos anos, no tempo em que eu tinha a metalúrgica mencionada anteriormente, ocasião em que ele me concedia apoio e orientações em seu escritório. Hoje temos uma autêntica relação de irmandade, e ouvi-lo por poucos minutos equivale a horas de sessões de terapia!

Quarto, Vania Fernandes, que atua como minha gerente comercial, mas muito mais do que isso, ajudou-me muito durante o tratamento. Ela agendava meus exames, muitas vezes ia buscar os resultados, não apenas pela questão da saúde, pois ela poderia, a qualquer momento, se afastar do trabalho e pegar em outra oportunidade. Por isso, minha gratidão pelo apoio concedido ao longo deste período.

Quinto, alguns amigos muito especiais que se tornaram irmãos para mim. Adir Teixeira, Alvaro Fernando, Carlos Chaer, Erik Capodeferro, Kingi Yamamoto, Magali Guerra Plesskott, Oswaldo Nogueira, Ricardo Nishihara, entre outras pessoas muitos especiais.

Finalmente, deixo também meus agradecimentos a pessoas que me apoiaram nesta fase tão difícil. Dr. Acary Souza Oliveira e Dr. José Luiz Pedrose, neurologistas que têm me dado suporte. Ana Elisa e Leny Kyrillos, fonoaudiólogas que têm tratado o meu problema vocal.

Por fim, quero agradecer a todos que aceitaram meu convite respondendo ao breve questionário que criei perguntando: "O que você faria se descobrisse que tem apenas seis meses de vida?". Seria relativamente fácil eu formatar o texto apenas a partir da minha própria percepção, mas ao abrir para o público, descobri algumas colocações muito impactantes. Foram quase 1.300 comentários, alguns superficiais, mas alguns muito ricos e que estabeleceram o formato da obra. Por isso, relaciono na sequência os nomes de todos aqueles que autorizaram a inclusão e divulgação, com muita gratidão! Abaixo as pessoas que autorizaram a inclusão de seus nomes:

Acydalia Freire, Acydalia Juditha, Adriana Marcos, Adriana Weschenfelfer, Adriele Rodrigues, Albertino da Silva, Alessandra Dias, Alessandro Sanchez, Aline Lineviana, Ana Perrucci, Andirana Maria Pelizon, Andreia Saiter, Antonio Vinotti Filho, Arthur Costa Pontes, Arthur Pontes, Ataíde Tavares, Bernadete Pupo, Carmem Maria Mendes Barros, Carlos Chaer, Cassio Corazzari, Ceci Costa, Célia Mizinski, Cirlei Moreno, Daniel Sinni, Denice Caetano, Diego Patricio, Eduardo Moretti, Eijy Goto, Elda e João Batista, Elen Vidal, Eliana Mattos, Enio Oliveira, Ernesto Haberkorn, Eugênio Sales Queiroz, Fernanda Cypriano, Francisco Junior, Gilvan Costa,

Giovane Alberti, Girlany Rino, Gisela Ubices Bassinello, Helanne Miranda, Helenita Fernandes, Iara Neves, Ivanaria Santos, Ivonete Pereira, Jesusa Perez, Joana Silva, Joelma Félix Pio, Joelma Pio, José França, Josiane Correa, Jovelina Magalhães Ribeiro, Juliana Passarella, Julieta Miguel Silva, Jurema Diluz, Leandro Xavier, Leo Rocco, Magali Guerra, Magali Plesskott, Márcia Sagati, Márcia Ribeiro, Margareth Carvalho de Sousa, Maristela Suzko, Mônica Salomão, Nildo Jorge Campos dos Santos, Olga Schaffer, Oscar Schild, Patrícia Morello, Paula Gomes de Sá, Paulo Buhrer, Regiane Rezende, Regis Trois, Renato Alves, Roberto Charão, Roberto Rodrigues Santos, Rodolfo Fadino Neto, Sandra do Nascimento Ferreira, Sérgio José da Silva, Sérgio Sproesser, Silvia Cavallaro, Silvia Moraes, Sônia de Fátima dos Santos Pedro, Stella de Barros Apostolopoulos, Susane Souza, Taise Carvalho, Tênio do Prado, Teresa Pérez, Wagner Vilas Boas Campos, Welington Eros, Wilson Giglio.

Instantes
(Nadine Stair)

"Se eu pudesse novamente viver a minha vida,
na próxima trataria de cometer mais erros.
Não tentaria ser tão perfeito,
relaxaria mais, seria mais tolo do que tenho sido.

Na verdade, bem poucas coisas levaria a sério.
Seria menos higiênico. Correria mais riscos,
viajaria mais, contemplaria mais entardeceres,
subiria mais montanhas, nadaria mais rios.
Iria a mais lugares onde nunca fui,
tomaria mais sorvetes e menos lentilha,
teria mais problemas reais e menos problemas imaginários.

Eu fui uma dessas pessoas que viveu sensata
e profundamente cada minuto de sua vida;
claro que tive momentos de alegria.
Mas se eu pudesse voltar a viver trataria somente
de ter bons momentos.

Porque se não sabem, disso é feita a vida, só de momentos;
não percam o agora.
Eu era um daqueles que nunca ia
a parte alguma sem um termômetro,
uma bolsa de água quente, um guarda-chuva e um paraquedas e,
se voltasse a viver, viajaria mais leve.

Se eu pudesse voltar a viver,
começaria a andar descalço no começo da primavera
e continuaria assim até o fim do outono.
Daria mais voltas na minha rua,
contemplaria mais amanheceres e brincaria com mais crianças,
se tivesse outra vez uma vida pela frente.
Mas, já viram, tenho 85 anos e estou morrendo."

DVS EDITORA

www.dvseditora.com.br
São Paulo, 2019